CONSEJERÍA ENTRE AMIGOS

CUANDO LOS AMIGOS PIDEN AYUDA

HAROLD J. SALA

CONSEJERÍA ENTRE AMIGOS

CUANDO LOS AMIGOS PIDEN AYUDA

HAROLD J. SALA

EDITORIAL
PATMOS

Consejería entre amigos

Publicado por Editorial Patmos, Miami, FL EUA 33169

Publicado originalmente en Inglés con el título de *Coffee Cup Counseling* por Thomas Nelson Publishers, Nashville.

Todas las citas bíblicas mencionadas en este libro han sido tomadas de la versión Reina Valera, revisión de 1960, a menos que se indique lo contrario.

Diseño de portada por Luiz Felipe Kessler
ISBN: 9781588027252

Categoría: Consejería

Impreso en Brasil
Printed in Brazil

CONTENIDO

INTRODUCCIÓN

Dentro de la gran riqueza literaria que caracteriza nuestro mundo moderno, seguramente usted ha podido encontrarse con compendios de libros sobre las ciencias, sobre el arte, o sobre cualquier otro tema de actualidad e interés general.

Aun así, nuestro "mundo moderno", que muchas veces soñamos en "cajitas de cristal", no puede solucionar ni siquiera en una décima parte un problema que día a día golpea nuestra ya bastante azotada existencia.

El hombre busca dar solución a sus problemas emocionales a través de salidas que solo hacen que se aleje más y más de su verdadera esencia.

Harold J. Sala muestra a través de Consejería entre amigos, una manera clara y completa de rescatar la vida de quienes queremos, con la ayuda de Dios.

Mientras el mundo más quiera y luche por su "autonomía" alejándose de Dios, más habrá la necesidad de personas renovadas y restauradas; personas que a través de su vida y de su sabio consejo, logren mostrar el verdadero camino. ¡Eso es Consejería entre amigos!

PREÁMBULO

Es más abundante el consejo que brindan los amigos que el que ofrecen todos los psiquiatras, psicólogos y consejeros profesionales en conjunto. ¿Y por qué no habría de ser así? ¿Quién está en mejor posición para aconsejar que un amigo? Después de todo, ¿quién conoce, mejor que un amigo, la idiosincrasia, el temperamento, los puntos fuertes, las debilidades, las capacidades y aun los fracasos de otra persona? Además, alguien que jamás acudiría a un consejero profesional, aceptaría la orientación de un amigo.

Este es un libro escrito para quienes han tenido escasa o ninguna capacitación profesional en cuanto a la consejería o la terapia, pero que, no obstante, se encuentran en situación de poder ayudar a otras personas a superar sus problemas: laicos que se relacionan con otras personas como líderes de grupos de estudio bíblico, o como maestros de la Escuela Bíblica, profesores, diáconos u oficiales de la iglesia.

Este libro ha sido escrito para personas como usted, a quienes otros tienden a acudir, creyendo que el hablar de sus problemas con usted, les resultará de ayuda. No es mi intención hacer este libro algo técnico, sino algo fácil de entender, práctico y bíblico. La mayoría de lo que enseñó Jesús fue comunicado en lenguaje no técnico, y Él se hacía entender con facilidad.

Es probable que usted jamás haya pensado en sí mismo como alguien que podría hacer una contribución significativa a la vida de otras personas. No obstante, si se pone a pensar en las conversaciones que ha tenido con amigos y conocidos, admitirá que ha dado mucho consejo y apoyo.

Cómo desempeñarse mejor en la tarea de ayudar a los demás a superar sus problemas: este es el tema de este libro.

He cambiado los nombres de las personas que describo para proteger su identidad, pero las situaciones que menciono pertenecen a una gama de personas reales que han enfrentado graves problemas personales.

Mis gracias especiales a los esposos Juan y Sandi West, quienes me proporcionaron un lugar tranquilo para escribir el libro. También estoy agradecido con mi esposa, Darlene, y mi hija Bonnie Craddick, quienes me proporcionaron sabio consejo desde la perspectiva femenina. Gracias a Carol Olson, Norma Collins, Joy Shaw y Norma Bailey, quienes me ayudaron inmensamente en la revisión del manuscrito. Y, finalmente, quiero dar las gracias a la correctora de pruebas Janet Hoover Thoma, por mejorar el material de este libro mediante sus valiosas sugerencias, hechas con consideración y delicadeza.

Harold J. Sala

PARTE 1
Principios de la consejería entre amigos

CAPÍTULO 1
¡USTED PUEDE AYUDAR A LAS PERSONAS!

"¿Qué me aconsejas que haga?" ¿Cuántas veces le han hecho a usted esta pregunta, mientras ha estado tomando una taza de café con un amigo, o cuando se ha detenido a hablar con un amigo después de una reunión? O puede ser que se la haya hecho una vecina o una amiga en el salón de belleza, al comenzar a contarle a usted un aspecto personal de su vida.

Bien, ¿qué me aconsejas que haga?
¡Ya le toca a usted, amigo!
Puede ser que usted no sea la "doctora corazón".
Quizás usted NO sea un consejero profesional.
Es posible que usted jamás haya asistido a un curso intensivo de consejería o psicología.

Puede ser que usted jamás se haya creído alguien que pudiera dar ayuda significativa a los demás, pero tan pronto como dice: “Bueno, pues, esto es lo que pienso…”, usted está aconsejando. Dios le ha abierto una puerta para que ayude a alguien, actuando quizás a través de usted como un canal de dirección divina, utilizándolo de una manera que nunca antes había considerado posible.

Es perfectamente natural que busquemos consejo de aquellos que nos conocen y en quienes más confiamos. Después de todo, nossentimos cómodos con quienes son como nosotros, y podemos fácilmente comunicarnos con esas personas. No nos sentimos cohibidos al hablar con ellas de necesidades íntimas y personales, especialmente si estamos un tanto seguros de que tienen cierta idea de lo que estamos enfrentando. Con personas amigas no nos sentimos atemorizados por el estigma que conlleva hacer una cita e ir a un consultorio en busca de ayuda.

Yo estoy convencido de que usted no tiene que ser psicólogo ni psicoanalista clínico profesional para poder ayudar a las personas. No tiene tampoco que ser capaz de descifrar sueños, o interpretar manchas de tinta sobre el papel, o reconocer percepciones psicológicas profundas. La mayor parte de la consejería que se brinda en la actualidad la imparten personas que tienen poca experiencia o ninguna en lo que es la consejería.

Al reaccionar contra la psicología freudiana y los conceptos humanistas, que constituyen una clara violación a la Palabra de Dios, algunos cristianos han adoptado una posición negativa en contra de la psicología y de la consejería en general, en vez de tomar posición en contra de ciertas formas de consejería que violan principios bíblicos.

El problema no está en dar consejería, sino en dar la clase equivocada de consejo. No obstante, algunos han tenido la tendencia de deshacerse, al mismo tiempo, tanto de lo malo como de lo bueno.

He escuchado decir a ciertas personas: "Yo no creo en la consejería, sólo en la predicación y en la oración." Sin embargo, cuando una persona toma esa posición y sin embargo dice: "Yo creo que debieras...", y sugiere cierta acción para la necesidad personal de algún amigo, se ha colocado en la posición de consejero.

La mentalidad "anticonsejera" tampoco es capaz de reconocer el ministerio de sanidad de Jesús como la psiquiatría más pura que jamás se haya aplicado a las heridas emocionales de los hombres y las mujeres que sufrían.

Cuando yo estudiaba en la universidad, el fundador de la institución cristiana a la que asistía reflejaba un prejuicio de su generación, al decir: "Muchachos (se refería a nosotros, los que estudiábamos para el ministerio cristiano), ustedes no necesitan ningún curso sobre la consejería. ¡Lo único que necesitan es el sentido común!"

¿Se trataba de una excesiva simplificación? ¡Sí, especialmente porque el sentido común ya no resulta tan común!

Si llamáramos a la consejería por otro nombre, digamos discipulado o ministerio, eso quizá sería más aceptable para ciertas personas. El apóstol Pablo escribió que nosotros, los que hemos creído en Jesucristo, hemos recibido "el ministerio de la reconciliación", lo cual quiere decir que logramos restablecer la armonía entre hombres y mujeres con nuestro Padre celestial, y de ellos entre sí (2 Cor 5:18,19).

El contribuir a sanar las relaciones quebrantadas constituye uno de los aportes más significativos que usted puede hacer en favor de la vida de sus semejantes.

Usted ha recibido la orden de ayudar a las personas

Al escribir a los gálatas, Pablo les ordenó: "Hermanos, si alguno fuere sorprendido en alguna falta, vosotros que sois espirituales, restauradle con espíritu de mansedumbre" (Gálatas 6:1). La palabra que Pablo utilizó para "falta" es paráptoma, que significa "un paso en falso, trasgresión, pecado". En el contexto de la vida moderna, significa una decisión equivocada, una mala elección, una relación destinada a terminar en discordia y sufrimiento. Es una palabra fuerte; pero la acción que se requiere para ayudar a salvar a una persona de su desviación es suave y firme a la vez, y sólo los que verdaderamente se interesan, están dispuestos a aceptar el riesgo de participar en el proceso de ayudar a esa persona.

La gente hace la pregunta: "¿Qué me aconsejas que haga?", por diferentes razones. A veces sencillamente están buscando una confirmación para lo que realmente quieren hacer, y probablemente lo harán de todas formas, no importa lo que usted les diga; pero por lo general esa pregunta la hace alguien que se siente inseguro y que busca una respuesta.

"¿Quién soy yo para decirle a otro lo que debe hacer?" se preguntará usted.

Hace mucho que el salmista escribió: "El justo es buen consejero por ser recto e imparcial, y por distinguir entre el bien y el mal" (Sal 37:30, 31, La Biblia al Día).

¿Quién soy yo para decirle a otro lo que debe hacer? ¡Usted es un hijo de Dios, que está anclado en la Roca,

Cristo Jesús! Usted no tiene que ser una Madre Teresa o un Billy Graham. Si usted tiene una visión clara para ver lo que su amigo no puede ver, y si no tiene el discernimiento oscurecido por una maraña emocional, será alguien a través de quien Dios podrá obrar.

Cuando yo vivía en Filipinas, a veces me extraviaba mientras conducía mi coche, y me detenía para hacer preguntas y así poder orientarme. Rápidamente me di cuenta de que el responder "no sé", puede hacer que alguien sienta que ha perdido "prestigio". En consecuencia, cuando las direcciones que me daban eran vagas e imprecisas, debía decir: "¡Muchísimas gracias!", y buscaba otra persona a quien preguntar. Pero cuando alguien me decía: "Tiene que dar una vuelta completa y regresar una milla a la primera gran intersección que encuentre, y luego girar abruptamente a la izquierda", sabía que podía seguir el consejo de esa persona.

Cuando las personas preguntan: "¿Qué crees que debo hacer?" es porque, con frecuencia, su discernimiento se ha nublado; el proceso que les permite tomar decisiones ha sido oscurecido por asuntos que les dificultan ver las consecuencias de sus actos. Pero si usted tiene una mente clara, se convierte en alguien de inconmensurable valor para esas personas.

Como parte de la familia de Dios, tenemos una responsabilidad los unos por los otros. Una familia comprende una serie de relaciones entrelazadas, y es la calidad de esas relaciones lo que afecta la calidad de la vida en familia. Somos como un equipo de montañeros unidos los unos a los otros mediante cuerdas, de modo que cuando alguien da un traspiés o cae, otro puede ser un áncora para mantenerlo firme.

En cierta ocasión mi hijo escalaba montañas en Suiza, y notó a tres alpinistas en otra pendiente montañosa. De repente, uno de ellos perdió pie y cayó. El segundo de los hombres supuestamente era un ancla, pero éste cayó también bajo el peso del primero, luego estos dos halaron al tercero, que les acompañó en la caída. Los tres se vinieron abajo cientos de metros a lo largo de aquel glaciar. Afortunadamente, pudieron salir caminando del lugar.

Eso es, con frecuencia, lo que ocurre cuando alguien toma una decisión equivocada. "¡Es mi vida, y puedo hacer con ella lo que me venga en gana!". Quien así se expresa rara vez se percata de sus actos en relación con los miembros de su familia, o con sus amistades, unidos entre sí por nexos formados a través de los años.

La Biblia enfatiza que tenemos la responsabilidad de ayudar a nuestros hermanos y hermanas a tomar buenas decisiones. Encontramos cincuenta y ocho veces, por lo menos, la frase "los unos a los otros" en el Nuevo Testamento, expresando cierta clase de responsabilidad u obligación mutua que tenemos en el cuerpo de Cristo. Entre las muchas frases, usted se dará cuenta de que debemos:

- Amarnos los unos a los otros
- Orar los unos por los otros
- Sobrellevar unos las cargas de los otros
- Estimularnos los unos a los otros
- Exhortarnos los unos a los otros
- Amonestarnos los unos a los otros

Cuando uno obedece estos mandamientos se convierte en consejero. En muchas partes del mundo, particularmente en las áreas pantanosas, se produce una condición que los geólogos llaman "arenas movedizas". El animal o la persona desprevenida que pase sobre ellas, es sumido más y más profundamente por esas arenas, y a menos que la persona, o el animal, sea rescatada, la muerte es el ineludible resultado.

Ninguna persona es sus cabales se arriesgaría conscientemente a caminar sobre arenas movedizas, ¿verdad? Pero una vez que está atrapada en sus garras, la persona que se hunde debe recibir ayuda para poder escapar de la situación. Lo mismo ocurre con los problemas que confrontan muchísimas personas.

La persona que pregunta: ¿Qué debo hacer?, puede estar sintiéndose abrumada por el problema. Siente el arrastre, hacia lo profundo, de una situación que le resulta desesperada.

Es aquí donde usted entra en escena; tiene todo el derecho, como también la responsabilidad, de decirle a esa persona: "Yo creo que debes...".

El evitar cumplir con nuestra responsabilidad para con nuestros hermanos y hermanas simplemente porque no nos consideramos consejeros "profesionales", deja a muchas personas sufriendo, aun- que pudiéramos ayudarlas muy fácilmente.

Ayudar a las personas mediante la consejería es parte de lo que Pablo les instó a hacer a los gálatas, en cuanto a sobrellevar los unos las cargas de los otros, cumpliendo así con la ley suprema delamor (Gálatas 6:1-5).Ya es hora de que comencemos a asumir nuestra responsabilidad mutua.

El que no hayamos logrado cumplir con esta responsabilidad ha creado un vacío dentro de la comunidad cristiana, y con demasiada frecuencia lo llenan hombres y mujeres que no han experimentado la salvación, cuyas técnicas de consejería violan los principios de la Palabra de Dios.

Si usted todavía no está convencido de que puede resultar de ayuda a las demás personas, permítame señalarle dos hechos muy importantes:

1. Usted tiene a su disposición la sólida dirección de la Palabra de Dios que es "lámpara... a mis pies... y lumbrera a mi camino" (Sal 119:105).
2. El Espíritu Santo mora en usted como hijo de Dios, y puede darle percepción y sabiduría mucho más allá de su capacidad humana (Ro 8:9).

Usted, que conoce a Jesucristo como su Señor y Salvador personal, está anclado a una realidad que le permite lanzar una cuerda de salvación a las personas que están siendo tragadas por las arenas movedizas de la vida, por la multitud de problemas que las acosa.

Consideremos la manera cómo la consejería dentro del marco de la fe cristiana, le capacita a usted para tener éxito y ser eficiente en el trabajo de ayudar a las personas.

La consejería desde una perspectiva bíblica

Hace poco pasé un mes en el hermoso país de Nueva Zelanda, y durante todo ese tiempo manejé un automóvil muy parecido al mío. Al igual que el vehículo que poseo, aquel tenía cuatro ruedas, una bocina y un volante.

Sin embargo, la gente de Nueva Zelanda maneja en el lado izquierdo del camino (no, no es necesariamente el lado equivocado). De manera que para poder conducir allí, tuve que cambiar mi manera de pensar: "Mantenerme a la izquierda, no a la derecha". Tenía que decirme todo el tiempo: "Cuidado con los carros que rebasan por la derecha". Allí, en Nueva Zelanda, la cosa era diferente, y por ello jamás habría llegado a mi destino si no reajustaba tanto mi manera de pensar como mi forma de conducir.

Ahora bien, cuando usted aconseja a alguien utilizando la perspectiva de la fe, tiene que transformar su manera de pensar, de la misma manera que cuando conduce por un lado distinto de la vía. Pablo dijo a los corintios, cuya cultura y sociedad eran muy sensuales y mundanas, que si una persona está en Cristo, es una nueva criatura; que todo se hace nuevo (2Cor 5:17).

Aconsejar desde una perspectiva bíblica no mezcla lo profano con lo sagrado, como el hombre que conduce por el lado izquierdo de la vía durante cierto tiempo y después se cambia al otro lado para tener una mejor perspectiva del paisaje. Las personas que aconsejan dentro de una perspectiva bíblica adquieren un compromiso: Lo hacen a la manera de Dios, no importa lo que los demás pueden pensar.

En ciertos círculos cristianos existen hoy muchas personas que se mueven en zigzag. Están siguiendo principios humanistas, aprobando y abogando por estilos de vida que definitivamente carecen de la aprobación de Dios (porque Él se ha pronunciado claramente en cuanto a las opciones de la vida). Al aconsejar, estas personas siguen modelos seculares y se aferran a la enseñanza de hombres cuya vida está en total disonancia con las Sagradas Escrituras. Al aconsejar, utilizan unos cuantos versículos aquí y allí, como si trataran de santificar un sistema pagano.

La forma como Dios trata nuestras necesidades es inmensamente diferente al método del hombre natural, que deja a Dios a un lado. Permítame que le hable claro en ciertas cuestiones. ¿En qué se diferencia la consejería dentro de un marco bíblico, de la consejería secular? ¿Cuáles son las presuposiciones (sí, los prejuicios) que usted adopta cuando acepta de todo corazón el hecho de que Dios es un Dios de amor, que sabe lo que es mejor para sus hijos, y que les ha dado dirección a través de las páginas de su Palabra?

La consejería desde una perspectiva bíblica reconoce la autoridad de la Palabra de Dios, la Biblia.

Una vez que se reconoce que la Biblia es la "psiquiatría" de Dios, desaparece mucha de la confusión que rodea nuestra vida y las decisiones que tenemos que tomar. En este punto debo decir algo que le permitirá a usted ayudar a otras personas. Si Dios es un Dios bueno, y yo estoy convencido de que lo es, entonces su dirección es también buena.

A quien pregunta: "¿Qué me aconsejas que haga?", puede ser que no le guste el consejo que usted le dé (consejo que usted piensa que está de acuerdo con la orientación y los principios de las Sagradas Escrituras), pero si esa persona acepta la autoridad de la Palabra de Dios, tendrá instrucciones claras.

No me sorprende el hecho de que las personas que aceptan sin reservas la autoridad de la Palabra de Dios tienen, a menudo, poca fe en la consejería secular. En la psiquiatría secular hay una discordancia de voces que compiten por el control, ninguna de las cuales suena con claridad.

Por ejemplo, en un experimento hecho por el profesor D.L. Rosenhan, éste colocó a ocho voluntarios mentalmente sanos (uno de ellos era psiquiatra), en ocho diferentes salas psiquiátricas y les dijo que actuaran normalmente. Muchos de los otros pacientes se dieron cuenta de que estos ocho eran impostores porque su comportamiento era racional y su conversación coherente; sin embargo, ninguno del equipo psiquiátrico reconoció señal alguna de normalidad. Comenta el profesor

Rosenhan: "Cualquier proceso diagnóstico, que se presta tan fácilmente a tantos errores de esta clase no puede ser muy confiable".

El psicoanálisis secular, que sigue el esquema impulsado originalmente por Sigmund Freud, necesita un promedio de seis a ocho años y sólo tiene una eficacia parcial. Una tercera parte de todos los pacientes sometidos al psicoanálisis terminan finalmente "curados"; otra tercera parte reciben ayuda en cierta medida; y la última tercera parte no son curados en absoluto, es decir, la misma proporción de personas que no reciben ningún tipo de ayuda profesional.

Me gustaría dejar bien claro que no tengo nada en contra de la psiquiatría moderna, sino sólo contra las maneras seculares de tratamiento, y contra las filosofías que son contrarias al consejo de la Palabra de Dios, la Biblia.

Hoy en día hay un número cada vez mayor de psiquiatras fieles a los principios de la Palabra de Dios, y que están utilizando a la psiquiatría como herramienta para proporcionar sanidad a las personas, como lo son el doctor Ross Campbell, del Southeastern Counseling Center (Centro de Consejería del Sureste), de Chattanooga, Tennessee EE.UU., y los doctores Frank Minirth y Paul Meier, de la Clínica Minirth-Meier, de Dallas, Texas. Estos hombres no se han limitado a utilizar unos cuantos versículos bíblicos en su trabajo, sobre un modelo de consejería secular, sino que creen, sin reservas, en la autoridad de las Sagradas Escrituras.

La palabra "psiquiatría" proviene de dos vocablos griegos: psyche (alma) e iatría (sanidad), y literalmente significa "sanidad del alma". Pero el punto esencial es que lo que Dios dice en su Palabra es eficaz, produciendo una provisión permanente de felicidad en la vida.

Por haber aconsejado y trabajado con personas por más de treinta años, he llegado a la conclusión de que, aunque no hubiera sido cristiano, tampoco hubiera creído en la rendición final de cuentas a Dios; les habría continuado dando igual consejo y orientación a las personas, pues estoy convencido de que las pautas que encontramos en la Palabra de Dios son necesarias para que las personas tengan una vida equilibrada y para que encuentren propósito y significado en su existencia.

Para quien acepta la autoridad de la Palabra de Dios, creyendo que fue dada por inspiración del Espíritu Santo, la Biblia no es meramente una opción entre muchas que pueden dar buen resultado, sino que es la clave de la felicidad y de la plena realización personal.

La Biblia establece claramente, que el problema fundamental del ser humano, es su alejamiento del Creador, a lo cual se llama "pecado". Esta anticuada palabra, rara vez se encuentra en el vocabulario de la psicología secular, a no ser por las alusiones burlonas a las religiones que crean sentimientos de culpa.

Hay, sin embargo, quienes se han ocupado del tema del pecado y de la manera como éste tiene que ver con Dios, así como también de la relación que hay entre ambos. El psiquiatra Karl Menninger, de la Clínica Menninger, escribió lo siguiente en su libro Whatever Became of Sin (¿Qué fue del pecado?):

Creo que hay 'pecado', el cual se expresa de maneras que no pueden ser incluidas bajo artificios verbales tales como 'crimen', 'enfermedad', 'delincuencia', 'desviación'. Existe la inmoralidad; hay una conducta poco ética; hay maldad. Y espero demostrar que resulta útil conservar ese concepto. Ciertamente esta palabra, pecado, está mostrando ciertos indicios de regresar a la aceptación pública, y a mí me gustaría poder contribuir a esta tendencia.

Hace muchos años que SanAgustín dijo: "Tú nos has hecho para ti, oh Dios, y nuestro corazón no descansará hasta que encuentre reposo en ti". Independientemente de la opinión de los hombres, tratar con el pecado y el alejamiento del ser humano de Dios, y de los seres humanos entre sí, es asunto fundamental del cual se ocupa la Biblia con toda claridad. Los detractores de la Biblia, al acusar a la religión de crear sentimientos de culpa por hacer sentir a la persona el problema del pecado, no son capaces de reconocer que la cruz de Cristo ofrece redención y perdón, eliminando de esa manera la carga del fracaso humano.

La consejería desde una perspectiva bíblica reconoce la Biblia como guía de la conducta moral

Hay quienes consideran que las normas bíblicas son una ilusión imposible, algo que es bueno, elevado y noble, pero impráctico en el mundo de hoy. Hay otros que las consideran un punto de referencia, algo que procurar, pero poco realista e imposible de alcanzar. Estoy consciente de que la vida de muchos cristianos está muy alejada del patrón bíblico, pero la falla no está en que Dios haya exigido de nosotros lo imposible, sino más bien en que no hemos sido capaces de lograr la medida de felicidad que Él desea para nosotros tal como lo expresó G.K. Chesterton en cierta oportunidad: "No esque probaron el cristianismo y resultó deficiente; es que lo probaron y resultó difícil."

En cierta ocasión, yo acababa de hablar sobre la dedicación en el matrimonio, cuando se me acercó una mujer de edad madura, atractiva, exquisitamente vestida, y me dijo: "En cuanto a lo que usted dijo hoy en la mañana..." Ella hizo una pausa y su rostro se ruborizó. "¡Lo intenté pero no funcionó!"

Un tanto sorprendido por su franqueza, le pregunté, "¿Qué es lo que usted intentó?"

"Bueno, traté de vivir según la Biblia, ¡pero no funcionó!"

La orientación de las Sagradas Escrituras sólo funciona si usted coopera con Dios esforzándose por lograr lo que Él quiere que usted haga. Usted no es una máquina que sólo haga mecánicamente la voluntad de su inventor; es una persona hecha a la imagen de Dios, dotada de sensibilidad, voluntad y emociones. Pero lo más importante de todo es que a usted se le ha dado el enorme poder de tomar decisiones, y son estas decisiones las que determinarán lo que será su futuro.

Dios dice: "Esta es la senda que conduce a la felicidad; transita por ella", y junto con ese mandamiento está el poder del Espíritu Santo que le capacitará a usted para remontarse sobre las arenas movedizas de su naturaleza pecaminosa. El antiguo lamento de, "No puedo dejar de ser como soy", es ahogado por el coro de aquellos que pueden decir, por experiencia propia, "Soy una persona diferente porque Cristo cambió mi vida y puso mis pies sobre la Roca sólida."

Cuando usted ayuda a un amigo aconsejándolo desde una perspectiva bíblica, su estrategia es la de que Dios dijo lo que quiso decir, y quiso decir lo que dijo. Él, ni excusa, ni se hace el de la vista gorda con nuestros pecados y nuestras faltas, pero sí extiende su perdón y nos ayuda a vencer las inclinaciones de nuestra vieja naturaleza. Lo que la vida de una persona sea en el presente, ya sea buena o mala, no es lo importante; lo importante es lo que puede llegar a ser con la ayuda de un Dios amoroso, que sólo busca el bienestar de sus hijos.

La consejería desde una perspectiva bíblica, reconoce que la Biblia no es sólo transcultural, sino además contracultural

Vivimos en una sociedad pagana, que nos bombardea incesantemente con ideas, actitudes, insinuaciones y estilos de vida que están en desarmonía con el gran plan que Dios tiene para nosotros. Toda persona que esté luchando con decisiones que afecten su futuro, puede ser atraída fuertemente por dos fuerzas: la carne y su cultura.

La carne, o la antigua naturaleza, a menudo aparta al hombre de la senda de la voluntad divina.

Recordemos la lucha del apóstol Pablo con esto, al punto de exclamar: "Porque no hago el bien que quiero, sino el mal que no quiero, eso hago" (Romanos 7:19).

Nuestra cultura es el contexto que rodea nuestra vida, la cual es alimentada por los medios masivos de comunicación y por nuestros héroes y heroínas, a menudo ficticios.

Consideremos el caso de Luisa. Es una mujer soltera, con una buena posición en ventas en una compañía en expansión. Su jefe, Juan, la invitó a participar en una convención con él, e inmediatamente ella le respondió, "¡Magnífica idea!"

Luisa estaba lista para un poco de emoción y un cambio de ambiente, pero después él le dijo que hiciera reservaciones… de una habitación con una cama doble. Luisa no le respondió nada, pero se sintió turbada.

La secretaria del jefe le dijo, "¡Que bien! Así podrás ascender en tu carrera profesional."

Otra le dijo: "¿Qué importa? Todas lo hacen ahora, tomando las debidas precauciones."

Luisa es una cristiana y madre soltera, a quien

le gustaría mucho encontrar a un buen esposo que también pudiera ser un buen padre para sus dos pequeños hijos. Al pensar en un fin de semana y en las expectativas, se dice: "Oye, no querrás enredarte en esto. ¡Sabes que eso es malo! ¡Eso no es para ti!"

Pero cuando Luisa habla de su situación admite que se siente atraída por Juan. Después de todo, él es inteligente, ingenioso y divertido, y la hace sentir importante, algo que su ex esposo jamás hizo.

Eso es lo que se llama el atractivo de la carne, o la vieja naturaleza; el que pocos tengan convicciones acerca de la fidelidad a una persona en el matrimonio en estos días es cultura, y la voluntad de Dios se opone a ambas.

Si una persona no es creyente en Jesucristo, usted no puede esperar que esa persona tenga el mismo punto de vista o mantenga el mismo estilo de vida de alguien que sea hijo de Dios: "Pero el hombre natural no percibe las cosas que son del Espíritu de Dios, porque para él son locura, y no las puede entender, porque se han de discernir espiritualmente" (1 Corintios 2:14).

La consejería desde una perspectiva bíblica, reconoce que la Biblia trata, en precepto o en principio, con todas las situaciones de la vida

"¡Eso es una pretensión bastante grande!", podría usted estarse diciendo. Sin embargo, si la voluntad de Dios no fuera lo suficientemente amplia como para darnos dirección en todas las elecciones y decisiones de la vida, incluidas las que últimamente han sido creadas por la ciencia, la cultura y la medicina, entonces Dios nos habría dejado indefensos frente a algunos de los problemas más acuciantes y cruciales que confrontan los hombres y las mujeres hoy.

Pero Dios no nos dejará en tinieblas o abandonados a nuestra propia suerte cuando se trata de los problemas de la vida. Recordemos la promesa de Jesús: "Yo soy la luz del mundo; el que me sigue, no andará en tinieblas, sino que tendrá la luz de la vida" (Jn 8:12).

La Biblia habla enfáticamente, al indicar la voluntad de Dios, cuando se refiere a la mayoría de los problemas de hoy. Por ejemplo:

- La clase de persona con la cual debo casarme (2Cor 6:14).
- Mi vida moral como persona casada (1Ts 4:1-8).
- La manera cómo debo comportarme (Ro 12).
- El deber de mantener unido mi matrimonio (1P 3:7).

Las declaraciones antes mencionadas son claras e inequívocas. Puede ser que a usted no le guste lo que Dios dice, pero sí entiende claramente cuál es su voluntad. No obstante hay muchos asuntos que son exclusivos de nuestro tiempo y nadie se los imaginaba cuando Pablo y Pedro escribían sus epístolas.

Dios no ha pasado por alto estas situaciones, sino que nos ofrece dirección a través de principios. Dentro de esta categoría están problemas tales como el aborto, la maternidad por encargo, la fertilización artificial, la eutanasia, y así sucesivamente.

Ahora bien, la cuestión no está en si Dios se propuso o no enfrentarnos con algunos de estos problemas; ya los estamos enfrentando, y tarde o temprano tendremos que decir: "¡Sí, yo creo que esto le agrada a Dios!" o "¡De ninguna manera! ¡Yo no creo que Dios apruebe esto, por el principio que encontramos en las Escrituras!"

Si usted busca en una concordancia la palabra "aborto", no la hallará; pero al escudriñar las páginas de la Biblia encontrará declaraciones tales como: "Porque tú formaste mis entrañas; tú me hiciste en el vientre de mi madre... No fue encubierto de ti mi cuerpo, bien que en oculto fui formado, y entretejido en lo más profundo de la tierra. Mi embrión vieron tus ojos, y en tu libro estaban escritas todas aquellas cosas que fueron luego formadas" (Sal 139:13,15,16).

A partir de esto usted puede extraer un principio: La vida es un don de Dios, y es sagrada. Y este principio le da a usted orientación personal en las decisiones que debe tomar.

La consejería desde una perspectiva bíblica, reconoce que toda verdadera sanidad proviene de Dios

Una premisa fundamental de las Sagradas Escrituras es que el pecado separa a hombres y mujeres de Dios, y a éstos entre sí, pero que la sanidad da como resultado la restauración y la armonía. El tema de la Biblia es que la salvación involucra sanidad: espiritual, emocional y, ciertamente, hasta física. Por medio de Moisés, Dios dijo: "Yo soy Jehová tu sanador" (Éx 15:26). Gracias a David sabemos que es Dios "quien perdona toda tus iniquidades, el que sana todas tus dolencias" (Sal 103:3). Jesús anduvo sanando "a muchos que estaban enfermos de diversas enfermedades" (Mr 1:34). "Y dondequiera que entraba, en aldeas, ciudades o campos — escribió Marcos— ponían en las calles a los que estaban enfermos, y le rogaban que les dejase tocar siguiera el borde de su manto; y todos los que le tocaban quedaban sanos" (Marcos 6:56).

La consejería desde una perspectiva bíblica es una prolongación del ministerio de sanidad de Jesús en la esfera de las emociones y de la vida espiritual. No obstante, queda aún otro importante requisito previo que debe mencionarse a fin de que usted se convierta en un consejero y ayudador eficiente de las personas que sufren.

La consejería desde una perspectiva bíblica, requiere buen conocimiento de la Palabra de Dios

¡Pero yo soy apenas un laico!

¡Yo jamás he asistido a un instituto bíblico o a una universidad cristiana!

¡A la gente, que la atienda el pastor! Después de todo, ¿no es para eso que le pagamos?

¡Yo no sirvo para ayudar a nadie!

Los capítulos que siguen le darán a usted un plan que sí funciona, y que es sencillo. Así como las Cuatro leyes espirituales han ayudado a millares de personas a explicar su fe en Cristo, la fórmula que yo he desarrollado para los laicos facilita su labor de ayudar a las personas.

La fórmula funciona, ya se trate de problemas personales, o familiares, o aun de negocios. Pero antes de que usted pueda ser eficiente en la tarea de ayudar a las personas, tiene que saber lo que dice la Palabra de Dios en cuanto a ciertos asuntos fundamentales de la vida:

- Los papeles, las relaciones y las responsabilidades de la vida familiar.
- El pecado y los sentimientos de culpa.
- El perdón y la restauración.
- El temor y la fe que lo vence.
- El lugar del sexo en nuestra vida personal y matrimonial.

Jay Adams sostiene en su libro Capacitado para orientar, el cual se ha convertido en una valiosa obra de consulta para los consejeros cristianos sinceros, que la mejor preparación para aconsejar, es una educación de seminario. Esto, sin embargo, resulta imposible para la mayoría de los lectores de este libro, que podrían ser tentados a dejar de ayudar a las personas, cohibidos por su propia incapacidad. O podrían tener otra alternativa: averiguar lo que dice la Biblia acerca de estos asuntos claves, convirtiéndose así en "especialistas laicos".

Para cuando usted termine de leer este libro, ya sabrá lo que la Palabra de Dios dice acerca de los problemas fundamentales que enfrentan las personas, y ese conocimiento le dará confianza cuando surja la pregunta: "¿Qué me aconsejas que haga?"

Usted tendrá una idea en cuanto a qué responder, mostrando el plan de Dios para traer sanidad a las relaciones y a las vidas.

Profundice sus conocimientos marcando en su Biblia los pasajes utilizados en este estudio. Haga sus propias referencias cruzadas en los márgenes de su Biblia. Donde usted sabe que hay un versículo bíblico sobre un tema determinado, anote los versículos que tienen que ver con el mismo tema. Utilice las páginas en blanco al final de su Biblia para anotar las referencias que deberá utilizar cuando alguien solicite su ayuda en la solución de algún problema.

Le daré también algunas técnicas que le ayudarán a ser más eficiente. La fórmula de la cual estamos hablando es ésta:

LA PALABRA DE DIOS	+	LAS TÉCNICAS DE CONSEJERIA	=	PSIQUIATRIA DE DIOS

Bien, demos el primero paso: cómo comenzar.

CAPÍTULO 2
CÓMO COMENZAR

Cuando se trata de desenmarañar dificultades, la mayoría de las personas quieren soluciones inmediatas y sin sacrificios. Y, por supuesto, tales soluciones por lo general no existen.

La persona que se ha dirigido a usted en busca de ayuda está probablemente en una encrucijada en la senda de su vida, y la decisión o elección que haga puede tener consecuencias que afectarán en mucho su futuro.

Aunque usted no tiene por qué preocuparse por las implicaciones legales (a menos que aconseje profesionalmente, o acepte dinero como honorarios por su consejería), sí asume cierta medida de responsabilidad en cuanto al futuro de la persona.

Siempre que usted dice: "Creo que debes..." y finaliza la frase, es potencialmente el catalizador del cambio en la dirección total que tomará la vida de ese amigo. Aconsejar con franqueza es una cuestión seria. Lo que usted diga puede significar que su amigo no se divorcie; puede encaminar a alguien en la dirección de una nueva profesión; puede significar hasta la diferencia entre le vida y la muerte para alguien que se ha extraviado del camino.

En el capítulo anterior señalé el hecho de que tenemos efectivamente una responsabilidad delante de Dios por los demás, como parte de la familia de Dios, ayudando, guiando y estimulando. Jesús dijo a sus discípulos que después de que Él regresara al cielo, ellos tendrían que continuar su obra y aun hacer obras mayores que las que Él había hecho. Sus palabras deben haber sido turbadoras; no obstante, eran ciertas.

Hoy la sanidad, la restauración, el ministerio de ayuda de Jesús, se hace a través de nosotros, su pueblo, su cuerpo. Tal conocimiento no sólo debe hacer que usted quiera estar mejor equipado y capacitado para ayudar a las personas, sino también debe hacer que usted sea una persona más dispuesta a realizar los sacrificios y aceptar los riesgos necesarios en la tarea de ayudar a los demás.

Ayudar a las personas exige tiempo

Imagínese una caja con varias botellas de refresco vacías, puesta en el patio trasero de su casa, y usted regando las flores de su jardín. El agua de la regadera cae sobre la pequeña abertura de las botellas, y una reducida cantidad de agua logra entrar en cada una de las botellas. No mucha, pero sí algo.

Luego, en contraste, imagínese que toma un balde de agua y que luego va llenando las botellas, una a la vez, con un cucharón. ¿Verdad que toma más tiempo que sólo regar las botellas con la manguera? Pero el resultado es completo.

Esa es la diferencia que existe entre escuchar el sermón de un pastor o un estudio bíblico con doscientas personas presentes, y hablar de persona a persona con un amigo.

En el tenis, cuando alguien le envía la pelota, le toca a uno actuar. Uno puede volearla de revés, dar un derechazo, dar un mate tan fuerte como sea posible, o dar un golpe leve que no más devuelve la pelota al otro lado de la red. Pero una vez que la pelota está en el campo de uno, es necesario actuar.

Cuando alguien finalmente se le acerca con la pregunta: "¿Qué me aconsejas que haga?" la pelota está en su campo. Mi experiencia ayudando a personas, es que si soy realmente sincero en cuanto a querer ayudar, tengo que estar dispuesto a hacer un compromiso de tiempo y de energía emocional; tengo que estar dispuesto a involucrarme en la vida de esa persona.

Por supuesto, usted puede ignorar el asunto y no responder. Pero la persona no le habría hecho la pregunta si no fuera seria en cuanto a querer saber su consejo. El que usted no exprese su opinión, o por lo menos, preste atención a lo que le dice, tenderá a aprobar lo que la persona intenta hacer. Ya que usted no le dio su parecer contrario, la persona dará por sentado que usted está de acuerdo, y eso es peligroso.

En cierta ocasión un pastor se me acercó y derramó ante mí su corazón. Me limité a escuchar. No estaba de acuerdo con él en cuanto a su evaluación de la situación, pero no se lo manifesté, pensando que volveríamos a hablar del asunto en otra oportunidad. Más tarde recibí la llamada encolerizada de uno de los diáconos de su iglesia, diciendo que yo había apoyado al pastor en una disputa.

"Un momento" respondí, "Quién dijo que yo estaba de acuerdo con él?"

" ¡El pastor!"

Mi falla estuvo en que había escuchado sin responder, lo cual el pastor interpretó como una aprobación tácita.

Dejar de hacer algo cuando alguien busca su ayuda, puede, en efecto, resultar más dañino que beneficioso para esa persona. Si

usted no tiene tiempo para ayudar a alguien, o si piensa que sería mejor que alguna otra persona brindara la ayuda (lo cual puede ser conveniente cuando la persona que busca ayuda tiene una relación muy estrecha con usted), o si usted simplemente no está calificado, aun así debe hacer algo para ocuparse de la pelota de tenis que está en su campo.

Tomar una hora, y aun hasta dos, para conversar a profundidad sobre una situación, es a menudo suficiente. Usted habrá respondido la cuestión o reforzado la voz de la conciencia con suficiente fuerza moral para que la persona pueda tomar la decisión correcta. Por ejemplo, en el capítulo anterior me refería a Luisa, la joven que había sido invitada a asistir a la convención. Como resultado de abrirle su corazón a una amiga, tuvo el valor de ir a su jefe y decirle: "Hice reservaciones para dos habitaciones. Puedo servir mejor a nuestra empresa si no estoy emocionalmente involucrada con alguien, aun tratándose de alguien tan agradable como usted."

A menudo, sin embargo, tratar a fondo un problema requiere más de una sesión y una taza de café. Si su horario no le permite comprometerse, puede ser necesario que usted le diga a la persona algo así como: "Mira, verdaderamente me importas y siento que esto es algo realmente importante para ti, pero va a tomar cierto tiempo para considerarlo con detenimiento. Tengo que estar fuera de la ciudad los próximos tres fines de semana, y creo que esto es tan importante que no puede esperar hasta que yo regrese. ¿Por qué no hablas con (alguien que usted pudiera recomendarle)?"

Pero la mayoría de las veces nos menospreciamos en cuanto a nuestra capacidad de poder ayudar a las demás personas. Estoy convencido de que usted puede ser una fuerza positiva para el bien en la vida de otras personas, más de lo que usted mismo piensa. Y creo que este libro le dará una nueva percepción y las herramientas para lograrlo.

Pautas para la consejería efectiva

Las siguientes pautas no son demasiado profundas, y por ello usted podría sentirse tentado a pensar: "¡Cualquier persona sabría eso!" Pero hay cuestiones básicas, fundamentales, a las que hay que prestar atención. No penetrar a fondo en la consejería, afecta negativamente nuestras posibilidades de ser verdaderamente de ayuda para los demás.

Mientras escribo esto, los equipos de béisbol de las ligas mayores se preparan para comenzar su entrenamiento de primavera. Estos son los profesionales que emocionan a los fanáticos; pero durante cada entrenamiento de primavera los entrenadores enfatizan en los aspectos fundamentales del béisbol: batear, coger, deslizar, sincronizarse. ¡Demasiado simple!, ¡No!, simplemente necesario.

Cuando alguien le pregunte: "¿Qué me aconsejas que haga?", no exprese su opinión hasta que esté seguro de que entiende bien la situación

La principal falla que tienen las personas no instruidas en la consejería es precipitarse a hacer conclusiones, diciendo cosas tales como: "Bueno, para mí es obvio que tu problemas es... o repasando mentalmente la larga lista de versículos bíblicos, seleccionando un par de ellos que parecen tener suficiente peso, y luego, ¡zas! Dispararlos a quemarropa a la persona. Supongamos que usted dice: "Luisa, realmente me sorprendes.

¿Cómo se te ocurre considerar siquiera la posibilidad de pasar un fin de semana con ese pelmazo que trabaja contigo? Tú tienes dos hijos, y además de eso enseñas en la Escuela Bíblica de la iglesia. ¡Tú mejor que nadie, deberías saber qué hacer!"

Lo que Luisa realmente necesitaba saber era cómo

manejar la situación. Ella no estaba tan interesada en acostarse con el tipo (no hacía falta ir a la convención para hacerlo) sino más bien saber cómo responderle al jefe sin ofenderlo y al mismo tiempo preservar su propia integridad.

Cuando usted se pone en contra de alguien sin entender la situación, frustra y hasta enoja a la persona que se le acerca en busca de ayuda. Nunca volverá a escuchar de esa persona las palabras: "¿Qué me aconsejas que haga?"

Las soluciones simplistas a asuntos complejos no son, tampoco, de ayuda alguna. Muy a menudo cuando una persona viene a mí para que la ayude, tengo la sensación de que me está probando o provocando. La persona me está midiendo con la vista, y pensando: "¿Podrá realmente ayudarme?, ¿Debo confiarle mis problemas?"

A menudo comenzamos hablando de trivialidades, después de un problema superficial y, finalmente, ¡zas! ¡me revela el verdadero problema!

De haberme lanzado a una conclusión prematura, nunca habría tenido el privilegio de ayudar efectivamente a esa persona en su verdadero problema. Ya sea que usted lo llame "el problema" y "el verdadero problema" o "problemas superficiales" y "problema primordial", las situaciones íntimas profundas, de naturaleza sensible, que pueden dar como resultado desconcierto o turbación, no son fáciles de manejar. Hace falta tiempo y confianza en usted para que la persona esté dispuesta a hablar de sus problemas.

Actúe según principios, al ser depositario de la confianza de las personas

Nada perjudicará tanto la amistad o destruirá más rápidamente su credibilidad, que traicionar la confianza de un amigo. Esto significa añadir un insulto a la herida, y amargura a la tristeza. Tome, por ejemplo, el caso de la mujer que me escribió para contarme acerca de su hijo, poco mayor de veinte años, que anunció que era homosexual. La madre había ido al pastor de su iglesia para aliviar el peso de su corazón, contándole todo.

El domingo siguiente, sin embargo, el pastor relató el asunto en su mensaje de la mañana. No mencionó el nombre del joven; no hacía falta. La iglesia era muy pequeña y ese hecho hacía obvia la identidad del sujeto.

La madre dijo, "Esa ha sido la iglesia de nuestra familia por más de veinte años, pero ahora preferiría que me apalearan antes que volver a ella."

¿Qué se puede hacer cuando alguien lo mete a uno en algo que tiene consecuencias explosivas como, por ejemplo, el caso de un adolescente que huye del hogar; el de un colega, empresario desanimado que piensa suicidarse; o el de un conocido suyo que está robando a la empresa para la cual trabaja?

Cuando la vida de una persona está en peligro, o las consecuencias de las acciones de alguien violan la ley o afectan seriamente la vida de otras personas, usted no tiene más remedio que involucrar a otro en el problema de esa persona.

Lo que yo recomiendo es que convenza a la persona que ha venido a usted, de que usted se interesa por ella, de que usted es su amigo, y de que ama tanto a esa persona, que estará a su lado todo el tiempo que dure la situación apremiante. Muéstrele luego, que también son necesarias otras personas para resolver el problema. Usted podría acompañar a una adolescente al médico para averiguar si está realmente embarazada. Luego, cuando esté convencida de que lo mejor para ella sería que su madre se enterara de la situación, acompáñela cuando tenga que confesarlo a su madre.

El saber que usted estaría dispuesto a ir con un amigo, a hablar con alguien acerca de un problema, es con frecuencia, suficiente para ayudar al amigo a tomar la decisión correcta y comenzar a enfrentar un problema que se ha dejado a un lado por demasiado tiempo.

Tenga paciencia con las personas

Es posible que los hábitos que se han formado durante años, no cambien en cuestión de minutos. Sin embargo, al mismo tiempo usted tiene el derecho de esperar cambios, consciente de que el Espíritu Santo es el mayor agente de cambio de conducta que el mundo jamás ha conocido. JayAdams dice "Para algunas personas, es difícil aceptar el cambio. Es difícil porque cambiar significa hacer algo nuevo, algo no acostumbrado, algo que no se ha hecho antes. Ello significa, por lo general, cambiar antiguos patrones de hábito por patrones nuevos."

No obstante, el crecimiento exige cambios y el hecho de que una persona esté sufriendo, demanda cambios en sus relaciones interpersonales o en sus patrones de conducta. Los cambios tienen que producirse, pero eso requiere tiempo.

Tenga una actitud profesional

Sí, ya sé que usted no es consejero profesional, pero puede valorar tanto su relación con alguien, que tratará de una manera profesional la confianza que esa persona ha puesto en usted.

Siempre que usted trata de ayudar a una persona del sexo opuesto que sufre, corre el peligro de involucrarse emocionalmente. Sin embargo, puede preocuparse por las personas y al mismo tiempo mantener firmemente bajo control sus propias emociones. Cantidad de personas han escuchado a alguien derramar su corazón, oyendo cómo ha sido traicionado por su pareja. Después, al brotar las ardientes lágrimas, el consejero, con un cálido abrazo, trata de consolar a la persona a quien está aconsejando. Después de esta situación emocional de alto voltaje se desarrolla una relación de compromiso, que finalmente conduce a la destrucción del matrimonio del consejero que estaba tratando de ayudar.

Regresemos una vez más a la situación de Luisa. Juan le agrada como persona, y ella admira ciertas características de su vida. Ella sabe también que sus frecuentes viajes no le agradan a su esposa, una persona un tanto introvertida que se siente muy satisfecha de quedarse en casa.

La negativa de Luisa de reservar una habitación con cama doble, da como resultado, en vez del rechazo de Juan, una vehemente y sincera disculpa por parte de éste. Él le asegura que no le estaba haciendo insinuaciones sexuales, sino que lo había hecho como una broma. Luisa, por supuesto, no se lo cree en absoluto. En las dos horas que dura el vuelo, Juan le habla, con toda franqueza, de algunas de sus frustraciones matrimoniales, y hay algo tan patético en lo que dice, que esto llega a tocar la parte maternal de la psiquis de Luisa.

Sin embargo, debido a sus emociones, Luisa no es la persona más indicada para ayudarle a Juan a superar sus problemas personales. Ella es en alto grado la persona ideal para involucrarse emocionalmente; está soltera y siente la soledad. Es, además, la personificación de lo que no es la esposa de Juan: bonita, elegante y extrovertida.

De cualquier modo, hay personas cuyos matrimonios son sólidos, que se involucran emocionalmente al tratar de ayudar a los demás. Este es un peligro que sólo puede juzgar la persona misma. Un cálido apretón de manos, una mirada franca y directa a los ojos, o una acogedora taza de café o un refresco, son maneras de comunicar sentimientos de calidez sin contacto físico.

Algunas personas son naturalmente "abrazadoras", de modo que abrazar a alguien que sufre les resulta tan normal, como a mí, el tomar la mano de alguien y estrecharla calurosamente. Yo, por lo menos, aconsejo no abrazar a miembros del sexo opuesto, que vienen a uno en busca de ayuda o consejo. Las emociones de las personas pueden ser volátiles, y la persona que usted abraza puede desear desesperadamente que su pareja haga lo mismo. Cuando usted abraza a alguien, aun cuando ello se produzca en una oficina o en el ambiente cálido de su propio hogar, esta acción suya puede ser el detonante de una respuesta emocional que no va en beneficio de ninguno de ustedes.

Jamás aconseje a una persona del sexo opuesto si usted duda en cuanto a su propia capacidad de controlar la situación. Un pastor muy prominente fue abordado por la hermosa esposa de uno de sus diáconos, para solicitar su consejería matrimonial. El pastor dijo: "Mire, usted es una mujer hermosa y yo soy un hombre de sangre caliente, y no confío en mí mismo para aconsejarla".

¿Le asombra la reacción de este pastor? A mi sí, cuando lo escuché contar la historia, porque sé que es un hombre de Dios cuyo ministerio es eficaz. Pero él estaba consciente de sus debilidades y con franqueza las reconocía.

La mayor parte del tiempo ofrecemos aconsejamiento informal, quizás en nuestra oficina, viajando en el tren a casa, después del culto en la iglesia, o durante el almuerzo.

Después del primer encuentro, sin embrago, usted puede ejercer cierto control sobre las circunstancias.

Necesita de un lugar tranquilo, donde no haya interrupciones ni niños pequeños, lo cual puede significar que usted diga, “Luisa, ¿quisieras almorzar conmigo el jueves? Conozco un lugar en la calle tal donde podemos hablar durante una hora sin que suene el teléfono”.

Es correcto que su cónyuge le acompañe cuando tenga que aconsejar a alguien, especialmente si se trata de un miembro del sexo opuesto. En el caso de que la consejera sea una mujer, puede decir lo siguiente “¿Sabes? Roberto (mi marido) tiene mucha percepción en cuanto a la manera de sentir y pensar de los hombres. ¿Qué tal si vienes a la casa el viernes por la noche, a fin de que podamos hablar de esto los tres juntos?”

Por su propio bien, evite aconsejar a alguien en un lugar donde se pueda cuestionar su integridad (como sería la casa de alguien del sexo opuesto cuanto no hay nadie más presente, o la habitación de un hotel). A pesar de que usted y la otra persona sean totalmente dignos de confianza, y la disposición suya de ayudar sea absolutamente honesta, las circunstancias hacen que la situación no parezca justificada, cosa en contra de la cual Pablo advirtió (1Ts 5:22).

Reconozca sus propias limitaciones

Usted nunca perderá el respecto de alguien si le dice: “Mira, me gustaría poder ayudarte en esto, pero es más de lo que me considero capaz de manejar. Quisiera sugerirte que vieras a…" y dirija a esa persona a un consejero o a un médico.

Tampoco haga el papel de médico. No sólo es peligroso, sino además es poco ético. Por ejemplo, si alguien que trabaja con usted ha tomado la decisión de seguir a Cristo, y esa persona está bajo el cuidado de un médico que le ha recetado ciertas medicinas, no le diga: "Ahora que te has entregado al Señor, ¡no te hace falta ninguna medicina!"

A veces, yo mismo estoy absolutamente convencido de ello, pero animo a la persona a que vuelva a verse con el doctor para que éste la examine. O, si la persona está bajo el cuidado de un doctor que tiene fama de prescribir demasiadas medicinas a sus pacientes, le sugiero que vea otro médico, uno que sé que dedicará tiempo suficiente para escuchar lo que tenga que decirle el paciente, en vez de sólo recetarle medicinas. Si usted conoce al médico personalmente, pudiera ponerlo al tanto de lo que ha ocurrido.

En un grupo de estudio bíblico, Bárbara se hizo buena amiga de la que dirigía los intercambios, una señora madura y amorosa, que le recordaba a su propia madre. Juana, la que dirigía el estudio, nunca había pensado en sí misma como consejera, pero los intercambios que seguían a los estudios bíblicos de los miércoles fueron de ayuda para Bárbara, en un período de dificultad que atravesaba en su vida, debido a la aventura amorosa que su esposo estaba teniendo con su secretaria.

Cuando el esposo de Bárbara pidió el divorcio y ella comenzó a hablar del suicidio, Juana sabía que la situación estaba fuera de control. Por tanto, convenció a Bárbara de que necesitaba una ayuda que ella no podría ofrecerle. Entonces, acordó una cita con un psicólogo cristiano del lugar, y acompañó a Bárbara a verlo (en parte para asegurarse de que ésta asistiera a la cita).

Refiriéndose al asunto después, Bárbara manifestó que había sido la amistad de Juana, no la consejería profesional, lo que realmente la fortaleció en aquel tiempo difícil de su vida y lo que la ayudó a darse cuenta de que la vida sigue aún después de un divorcio. Pero, si Juana no hubiera sugerido ayuda adicional, y si Bárbara se hubiera quitado la vida, aquélla habría llevado una tremenda e innecesaria carga de culpabilidad por el resto de su vida.

Desarrolle su relación con la persona a quien está ayudando

Su efectividad con la persona a quien desea ayudar, está determinada en sumo grado por la relación que usted tenga con esa persona. ¿Por qué ese amigo vino a usted? ¿Porque usted es una "persona simpática", o porque simplemente fue la que tuvo más cerca? ¿O quizás porque él se siente más cómodo con usted? Posiblemente las tres razones, pero básicamente porque la persona que está luchando con su problema, sintió que usted podía ayudarla, aunque fuera sólo brindándole su atención y simpatía. Con frecuencia usted puede ayudar en gran medida a otra persona simplemente escuchándola, algo que quizás no ha hecho nadie más.

Cuando aconseja a un amigo, su relación es especialmente importante. La Biblia dice: "Fieles son las heridas del que ama" (Pr 27:6). Un amigo leal es sincero. Las palabras de consejo pueden herir, y hasta ofender, como lo confirma el autor de Proverbios, pero esas heridas producirán sanidad y pueden impedir un desastre mucho mayor.

Si usted le dice a alguien sólo lo que la persona desea oír, su valor como consejero queda disminuido. Por otra parte, si es tan duro que aleja a la persona, su efectividad para aconsejar desaparece.

Para algunas personas, enfrentar la realidad es algo doloroso, especialmente cuando ello no está en conformidad con sus ideales. Un amorío ilícito cae dentro de esta categoría; es una situación transitoria, a veces “de ilusiones”, que por lo general termina en pena y sufrimiento.

Si está aconsejando a una pareja, va a querer actuar con neutralidad e imparcialidad. Sin embargo, es posible que cuando estén en juego asuntos sobre lo bien hecho y lo mal hecho, la persona culpable pueda sentir que usted, como consejero, se ha “confabulado” con la víctima. Es importante que usted logre que la persona a la cual está tratando de ayudar se sienta aceptada como persona, aunque usted pueda rechazar su conducta. ¿Cómo lograrlo?

Las relaciones que se han edificado sobre las bases del respecto, la confianza y la verdadera cordialidad, generan lazos que le capacitan para mantener abiertas las líneas de comunicación cuando la situación se torne difícil. Su moral e integridad le darán prestigio y respetabilidad ante los ojos de las demás personas. Aunque es posible que usted no haya pensado así de sí mismo, la gente pensará en usted como alguien “centrado”, queriendo decir con ello que piensa que usted podrá ayudar a los demás a centrarse también.

Antes de que una persona se arriesgue a ser vulnerable al contarle lo que le está sucediendo, por lo general se hace tres preguntas: ¿Podrá mi amigo ayudarme? ¿Se interesa por mí? ¿Sabrá de qué está hablando?

En cuanto a la última pregunta (un asunto de conocimiento), saber aconsejar no convence a la mayoría de las personas. Los taberneros ofrecen muchos consejos, pero pocos son los taberneros que han tenido alguna preparación como consejeros. Si usted tiene la tendencia a pontificar o a dárselas de figura autorizada para condenar a la persona que viene a usted en busca de ayuda, está liquidado como consejero.

Una preocupación cálida y sincera por las personas desarrolla relaciones duraderas que le permiten ser un ancla cuando las tormentas de la vida golpeen a las personas. En realidad, la preparación tiene que estar hecha mucho antes de que usted escuche las palabras: "¿Qué me aconsejas que haga?"

Con toda seguridad, Jesús irradiaba esta clase de calidez a las personas que tocaba con su vida. Uno de mis pasajes favoritos de la Biblia habla de esto en el relato que aparece en Juan 8, cuando los fariseos empujaron a una prostituta hasta Jesús, con las duras palabras: "En la ley nos mandó Moisés apedrear a tales mujeres. Tú, pues, ¿qué dices?"

Al comienzo, Jesús hizo caso omiso de su pregunta, pero cuando siguieron haciéndola, "...se enderezó y les dijo: El que de vosotros esté sin pecado sea el primero en arrojar la piedra contra ella" (v. 7).

Después, Jesús se inclinó hacia el suelo y continuó escribiendo (la única vez que se menciona que Jesús haya escrito algo). Juan no nos dice qué fue lo que escribió, pero me he preguntado si quizás escribió una fecha en el suelo y luego miró a un hombre, quien rápidamente recordó lo que había hecho ese día y se escabulló temeroso de que Jesús revelara lo que había hecho. Con toda probabilidad, los hombres que agarraron a la mujer, sabían dónde encontrarla, porque había estado en el mismo lugar, por negocios extraoficiales, más de una vez.

Al marcharse sus detractores, uno por uno, Jesús le preguntó a la mujer "¿Dónde están los que te acusaban? ¿Ninguno te condenó?"

"Ninguno, Señor" respondió ella.

"Ni yo te condeno."

¡Qué aceptación más incondicional!

Luego Jesús siguió con las palabras: "...vete, y no peques más" (Juan 8:11). Ella sabía que Jesús rechazaba su pecado, pero la había aceptado como persona. Sin embargo, algunos que buscan ayuda, quedan con la impresión de que la persona a la cual han acudido, está más interesada en los detalles lujuriosos de su pecado que en ayudarles a vencerlo.

La manera como Jesús manejó la conversación con la mujer pecadora puede enseñar una lección: Él comprendía completamente la situación en la que se encontraba ella, y sin embargo se abstuvo de hacer las preguntas que algunos harían, tales como:

- ¿Cómo fue que te dedicaste a esta profesión?
- ¿Con cuántos hombres te acuestas cada noche?
- ¿Te gusta lo que haces?

CAPÍTULO 3
EL PRIMER ENCUENTRO

Suena su teléfono y un conocido suyo le dice "¿No has oído de... [un amigo suyo]?" Usted no sabe nada, pero escucha un torrente de cosas en escasos minutos.

"¡Yo creo que tienes que hablar con esa persona de esto!", termina diciendo quien hizo la llamada.

¿Lo haría usted?

Por lo general, la consejería de confrontación no es muy exitosa. Yo a menudo le explico a la persona que me "incita" a confrontar a un amigo, que hay tres cosas que no puedo hacer: No puedo trepar sobre una cerca que se inclina hacia mí; no puedo besar a una persona que se aleja de mí; no puedo ayudar a una persona que no necesita de mí.

En una ocasión dije "Mira, yo entiendo que tú quieres que yo ayude a esa persona, y me gustaría poder hacerlo. Pero mientras no esté dispuesta a permitirme que la ayuda, no puedo hacer mucho".

Cuando me entero de que un amigo está luchando con algo, puedo invitarlo a tomar una taza de café o a almorzar, simplemente para que sepa que soy su amigo. El pasar tiempo juntos le da a la otra persona la oportunidad de abrirse, sin que se dé cuenta de que me han informado del problema.

Cuando el problema del amigo es de conocimiento público, usted puede hacerle una llamada y decirle, "Mira, estoy a tu orden. Si quieres que nos veamos, llámame. ¡Estaré allí en el acto!"

Hay veces que su teléfono suena, y usted siente que se trata de una cuestión verdaderamente de emergencia, y que se hace necesario tomar medidas críticas ante la situación. Hay otras veces en las que alguien ciertamente necesita ayuda, pero no se trata de una situación que signifique para usted la pérdida de una noche con su familia. En este caso, fijar un momento, el más conveniente para usted, para reunirse con la persona, puede ser perfectamente adecuado.

El psicólogo Clyde Narramore tenía fuertes convicciones en cuanto a esto cuando se encontraba en casa, reunido con su familia. Una noche sonó su teléfono, y la persona que llamó dijo, "Doctor Narramore, tengo que hablar con usted esta noche. Mi matrimonio está a punto de irse a pique."

"¿Qué edad tiene usted?" preguntó Narramore.

"Cuarenta y dos."

"¿Cuántos años ha estado usted casado?"

"Diecisiete años."

"Si usted tiene cuarenta y dos años de edad y ha estado casado durante diecisiete, sobrevivirá hasta mañana" dijo el doctor Narramore. "Me dará mucho gusto verlo en mi oficina a las nueve de la mañana."

La mayoría de las veces el cónyuge querrá hablar a solas con el consejero, pero si una pareja necesita ayuda en su matrimonio y ambos están dispuestos a venir juntos, yo prefiero hablar con ambos al mismo tiempo. ¿Por qué? Porque cada uno sabe lo que el otro ha dicho, y cada uno tiene la oportunidad de clarificar los asuntos.

A menos que usted escuche a ambas partes, no podrá estar seguro de que la persona descrita, sea exactamente la misma que se casó con su amigo.

Usted debe entender que lo que está escuchando es la percepción que tiene su amigo de la situación, no es necesariamente lo que la situación realmente es. Las dos son a menudo totalmente diferentes.

Proverbios 18:17 dice: "Justo parece el primero que aboga por su causa; pero viene su adversario, y le descubre." Por eso, rechace usted la tentación de llegar a un veredicto antes de escuchar a ambas partes.

Cuando usted está aconsejando sólo una de las partes, y no puede tener el punto de vista de la otra parte en el conflicto, está limitado, pero puede ayudar a esa persona a arreglárselas o a tomar las medidas necesarias para obtener ayuda.

Dónde verse

La consejería tiene que ser personal, y en un ambiente cómodo. Una oficina tiende a ser fría e impersonal. Una sala por lo general no es tampoco lo deseable, pues es demasiado formal, ya que las sillas están muy distanciadas y todo está muy estructurado. En cambio, la mesa de su comedor los pone en ambiente cálido y amistoso. Lo coloca razonablemente cerca del amigo, le ofrece un lugar para tomar una taza de café, o un refresco, y le proporciona además una superficie para escribir, en caso de que quiera hacer anotaciones.

Si ustedes piensan reunirse en un restaurante, piensen antes en el ambiente que este tiene. Necesitarán tranquilidad y un cierto grado de intimidad. Yo he visitado algunos restaurantes que son lugares imposibles para tener una buena conversación, por la forma en que están colocadas las mesas y por la actitud atropellante de los empleados del negocio (cuanto más rápido coman los clientes, para que otros se sienten, mejor).

Yo no recomiendo esto para todos, pero a mí personalmente me gusta hacer breves anotaciones para mi uso particular cuando escucho a alguien. A veces, la persona a la cual estoy ayudando dice algo significativo de pasada, y yo realmente deseo saber más en cuanto a eso. Pero también deseo no interrumpir el flujo de la conversación, y por tanto anoto una palabra o una frase, lo suficiente para estimular mi retentiva. Más adelante en la conversación, o la próxima vez que nos reunimos, le digo, "La última vez que nos reunimos, tú dijiste..." (y le recuerdo lo que dijo). "Dime ahora, cómo te sientes en cuanto a ello."

Con qué frecuencia reunirse

¿Con qué frecuencia debe verse con alguien, y qué duración puede tener cada encuentro? Mucho de esto depende de la naturaleza del problema que le ha presentado a usted el amigo que requiere de su ayuda. Hay problemas que se han venido formando a través de un largo período de tiempo y que no se pueden despachar con una sola taza de café, ni con varias. Por lo tanto, a menudo les digo: "De veras que aprecio el que me hayas contado de tu problema. Creo que puedo ayudarte, pero necesitamos tiempo para hablar, orar y pensar. ¿Qué tal si nos comprometemos para vernos los próximos seis miércoles?" O bien: "¿Qué tal si almorzamos juntos cada dos semanas durante los siguientes dos meses, de modo que, a medida que te conozca mejor pueda responder mejor tus preguntas en cuanto a...?"

Llegará el momento cuando usted sentirá que ha ayudado a la persona lo más que puede. En realidad, se sentirá complacido de que las cosas se hayan desarrollado bien y de que el asunto que hizo surgir la pregunta: "¿Qué me aconsejas que haga?", ya ha sido resuelto. Al llegar a este punto, tal vez quiera decir: "Yo creo que ya tienes considerable control de la situación, y quiero que sepas que si necesitas ayuda estoy a tus órdenes; pero no creo que sea necesario que continuemos viéndonos con la misma frecuencia de ahora. Fijemos una fecha para almorzar o tomar café dentro de dos meses y entonces seguiremos hablando del asunto."

¿Qué espera su amigo de usted?

La primera vez que me siento con alguien, consciente de que el propósito principal de nuestro tiempo juntos es hallarle solución a un problema, me esfuerzo por hacer que la persona se sienta cómoda diciéndole tres cosas. Usted querrá adaptar estas tres declaraciones a su manera, a fin de sentirse cómodo diciéndolas. Necesita comunicar estas ideas:

¡Haré todo lo que esté en mi poder para ayudarte! Pero no puedo prometerte ninguna solución fácil.

Con frecuencia les digo a las personas, " Desearía tener la capacidad de ver el interior de tu corazón y decirte: "Ah, ¡estoy viendo claramente lo que necesitas!". Entonces te recetaría un medicamento y te enviaría al farmacéutico con la seguridad de que si tomas tres pequeñas píldoras blancas en la mañana y dos azules y verdes en la noche; el problema desaparecerá entre cuatro y siete días."

Les recuerdo "Tienes que recordar que los problemas intangibles del corazón, son mucho más difíciles que los problemas físicos." A veces les muestro una pequeña cicatriz que tengo en una de las clavículas y les digo que un día me estaba duchando, cuando sentí una pequeña protuberancia. Cuando el doctor Chase la vio, me digo: "¡Hay que sacarla inmediatamente!" ¡Y lo hizo! Pocos minutos después abandoné su consultorio habiendo dejado allí la carnosidad, y con una venda que marcaba el lugar donde había estado el problema.

Pero los problemas del alma no pueden ser eliminados quirúrgicamente, ni radiografiados, ni sometidos al escudriñamiento tecnológico para una evaluación inmediata. Las dificultades que pueden haber estado en vías de formación durante meses, o aún años, no van a desaparecer en cuestión de semanas. Sin embargo, al mismo tiempo asegúrele a su amigo que el problema sí tiene salida, y que a pesar de que usted no la vea ahora, no lo abandonará hasta lograr la solución. El hecho de que usted mantenga la esperanza le comunicará confianza a una persona que puede haberse declarado vencida.

"Lo que me digas quedará entre tú y yo: Puedes confiar en mí".

La persona que viene a usted está segura de que usted es alguien digno de confianza, pero el hacer este compromiso ayudará a su amigo a arriesgarse a ser lo suficientemente vulnerable como para decirle exactamente lo que está ocurriendo en su vida.

A veces les digo, "Cuando usted consulta al médico de la familia, tiene la confianza de que él lo mantendrá todo en reserva, y esto es muchísimo más importante que una hinchazón aquí o allá."

De vez en cuando, usted estará aconsejando a personas de su iglesia, de su grupo de estudio bíblico, de su trabajo o de su vecindario, gentes con las cuales tiene contactos sociales. Es diferente a lo que ocurre con su médico, a quien usted conoció por primera vez en su despacho o en el hospital, y luego lo vio en la calle o en un evento social.

Usted podría estar pensando: "¿No le hace sentir extraño, el conocer ciertas cosas íntimas o personales, de las personas con las cuales tiene contacto social?" No, en absoluto.

Algunos de mis mejores amigos (realmente muchos de ellos) son personas a quienes conocí por primera vez en situación de consejería por problemas personales profundos que, con el tiempo, fueron superados con éxito. Hoy veo a sus hijos desarrollarse y le doy gracias a Dios por haber tenido el privilegio de ayudar a estas personas a tomar decisiones que lograron mantener unida a su familia. Las conversaciones sostenidas y las situaciones que mis amigos confrontaron, son un capítulo sellado, cubierto por el perdón de Dios y por la capacidad de olvidar que tienen la amistad y el amor sinceros.

Una palabra de advertencia: Resista la tentación de mencionar el problema de la persona en su grupo de oración o de estudio bíblico. “Pero necesitamos saber por qué orar...” Correcto, estoy de acuerdo. Ore. Ore por la persona que necesita ayuda, pero no se atreva a faltar a la confianza en usted depositada, por medio del disfrazado y tenue velo de la petición de oración. Cuando mi hija leyó esta sección, escribió a lápiz una nota sarcástica en el margen del manuscrito: “Los cristianos no chismorrean; sólo comparten peticiones de oración.”

"No puedo ayudarte a menos que sepa cuál es tu problema."

Entonces, para que esta declaración no parezca decir: “Apurémonos y acabemos con esto; me estás haciendo perder el tiempo”, agrego: “Tenemos tiempo suficiente. Yo sé que quizás no sea fácil para ti hablar de ciertas cosas, así pues, ¿por qué no comenzamos desde el principio y me dices lo que te hizo venir en busca de ayuda?”

Algunas personas, sin embargo, realmente no quieren ayuda cuando preguntan: “¿Qué me aconsejas que haga?”. Puede ser que sólo estén buscando su opinión, de la misma manera que un político pide el consejo de los electores. Lo que usted piensa o diga no importa realmente, porque ya han decidido previamente su curso de acción.

Simplemente quieren añadir su nombre a la lista de personas que han respaldado su decisión, si es que usted también está de acuerdo.

He hablado con personas que han ido a, por lo menos, media docena de otras personas antes de venir a mí. "¿Por qué vino a mí?" les pregunto, y por lo general escucho algo como esto: "Bueno, no me gusta lo que me dijeron fulano y mengano."

¿Cómo saber cuando una persona se está haciendo psicológicamente dependiente de usted? ¿Qué hace usted con la persona que lo llama todos los días y le habla durante una hora por el teléfono, contándole palabra por palabra, que "él dijo..." y "yo le dije..." y otra vez "él me dijo..."?

He aquí una sugerencia. Dígale: "Esto que me estás diciendo es tan importante que debemos hablarlo en persona. Ven a mi casa el viernes por la mañana, a las diez. Nos tomaremos una taza de café, y puedes contármelo todo".

Su amiga, sin embargo, puede ser la madre de cinco niños y además estar amamantando a un bebé, como también estar empleada a tiempo parcial en la cafetería del colegio. Ella no puede venir a su casa el viernes a las diez.

En tal caso, diseñe un programa de acción positiva, algún tipo de tarea de mejoramiento de la situación relacionada con el problema, es decir, leer un libro o artículo que tenga que ver con la necesidad de la persona, memorizar un versículo apropiado de la Biblia o escuchar una grabación que usted quiere que oiga. Luego, cuando su amiga vuelva a llamar la próxima vez, dígale: "Antes de que empecemos, me gustaría preguntarte, "¿Has leído el libro (o memorizado el versículo, o escuchado la grabación) que te di?"

Si la respuesta es "no" y le parece que la persona busca sólo simpatía, y no ayuda, dígale, "No puedo serte realmente de ayuda efectiva hasta que lo leas (o lo memorices, o la escuches). Cuando lo hagas, vuelve a llamarme para que nos reunamos."

Hay un asunto más que usted en algún momento deberá enfrentar. Habrá ocasiones en que, si usted ha tenido éxito tratando de ayudar a otra persona, ésta comenzará a apoyarse en usted y a volverse emocionalmente dependiente de usted. Entonces usted comienza a sentirse sofocado, y se da cuenta de que eso tampoco es bueno para la persona a la cual usted está ayudando. Los síntomas de esto son: llamadas diarias, las consultas antes de tomar la más mínima decisión, y la necesidad de la constante aprobación.

Cuando un niño está aprendiendo a caminar, los padres le ofrecen apoyo y ayuda, pero poco a poco, a medida que el niño se vuelve más fuerte, los padres ya no necesitan seguir proveyéndole la misma ayuda. De la misma manera debe ser con las personas que aconsejamos. El comprender las metas de la consejería y el ayudar a la persona a lograr su independencia psicológica, los liberará a ambos de una relación de dependencia. Este es el tema de nuestro próximo capítulo.

CAPÍTULO 4
EL PROCESO DE CONSEJERÍA

Cuando emprende un viaje y no está seguro de la vía a seguir, usted toma un mapa, algo que pueda guiarlo hacia su destino. En un sentido muy real, Dios nos ha dado un mapa para nuestra vida. La Biblia nos ofrece guía en cuanto a dónde dirigirnos.

Cuando una persona se ha salido de la vía correcta, y usted conoce el camino, le dice, "Usted no puede llegar a donde desea ir si sigue por aquí. Necesita tomar otra vía."

Cuando usted está familiarizado con las Sagradas Escrituras y puede mirar objetivamente el problema de su amigo, tiene cierta idea de lo que éste necesita para tomar la vía correcta.

Tres objetivos sirven como metas, y aunque la marcha nunca sigue una línea recta, uno se dirige hacia ellas como lo haría siguiendo guías geográficas a la distancia. Uno puede notar el avance al tomar la vía correcta y pasar a través de estas fases del proceso de ayuda. El siguiente diagrama puede ayudarle a ver lo que estaremos discutiendo en el resto de este capítulo.

LAS TRES METAS DE LA CONSEJERIA

1. Identifique el problema.
2. Analice las opciones disponibles y las consecuencias de aceptar o rechazar cada una de ellas.
3. Ayude a su amigo a descubrir y elegir la voluntad de Dios para su vida.

El proceso de consejería es como una secuencia de pasos que las personas deben seguir si el problema ha de ser resuelto de manera eficaz.

El proceso de consejería

METAS	Identificar el problema	Analizar las opciones disponibles	Descubrir y elegir la voluntad de Dios Descubrir y elegir la voluntad de Dios
BASES	EXPLORACIÓN	ENCUENTRO	RECONSTRUCCIÓN
LA ACCIÓN DEL CONSEJERO	Escuchar Evaluar Hacer preguntas Reflexionar	Establecer responsabilidad mediante preguntas	Guiar mediante el arrepentimiento y la reconstrucción

Al considerar el problema de alguien, de principio a fin, encontrará que estas tres fases del proceso de consejería no están marcadas por fronteras específicas, como tampoco lo está la transición de la juventud a la edad madura. Pero el proceso incluye una transición necesaria para resolver el problema.

Fase 1: Exploración

Durante este período usted escucha, evalúa, hace preguntas, reflexiona. Como el médico que examina al paciente por primera vez, usted está tratando de lograr una perspectiva clara. Usted comprende que en un principio la persona que viene en busca de ayuda está decidiendo si puede poner su confianza en usted. Al mismo tiempo, sus sentimientos pueden estar totalmente confundidos. La vida no nos llega en paquetitos bien arreglados, y puede ser que usted tenga que armar la historia con pedacitos y piezas de aquí y allá.

Esta primera fase de la consejería puede tomar una o dos horas, o varias semanas. Después de todo, usted puede ser la primera persona a la cual su amigo le ha manifestado este problema, y al escuchar, puede ser que sólo esté comenzando a ver gradualmente el desarrollo de la situación. Usted tiene que ver el problema con claridad antes de poder ayudarle a su amigo a encontrar las soluciones. La primera fase de la consejería se relaciona muy estrechamente con la META 1: identificar el problema. Esta es una parte tan crítica del proceso de consejería que estaremos hablando acerca de cómo lograrla, tanto en este capítulo como en el siguiente.

Fase 2: Encuentro

Una vez que usted ha identificado claramente el problema, deseará ayudarle a su amigo a ver las opciones y las consecuencias de aceptar o rechazar cada una de ellas. Es en esta fase que ambos se enfrentarán directamente con el problema. Esto lleva al trecho final del viaje.

Fase 3: Reconstrucción

Al comienzo de esta fase, la persona a quien usted está ayudando a tomar una decisión. De todas las opciones, acepta el hecho de que Dios sí tiene instrucciones para ella y que esta es la senda que necesita tomar, independientemente de lo fácil o difícil que pueda resultar.

Aquí la gran tarea suya es proveer apoyo con amor, y ayudarle a su amigo a continuar hasta el final con la decisión que ha tomado. Cuando la persona que ha venido a usted en busca de ayuda está suficientemente fuerte y madura para manejar el problema solo, usted habrá terminado su trabajo.

Profundicemos ahora en la consideración de cómo ayudar a la persona que ha venido a usted en busca de ayuda.

La primera meta de la consejería: Identificar el problema

Usted puede estar pensando: "¿No es realmente evidente el problema?" Lo que puede ser totalmente obvio para usted tal vez no sea de ninguna manera obvio para la persona que usted está tratando de ayudar. Y lo que pueda ser obvio para él, no sea en absoluto claro para su esposa o novia. Hace mucho tiempo el sabio que escribió Proverbios 16:2 reconoció esto: "Todos los caminos del hombre son limpios en su propia opinión...". La palabra que se traduce "limpios" significa "rectos" o "justos".

Con demasiada frecuencia tenemos la tendencia a agrandar las faltas de los demás y a minimizar las nuestras, de modo que cuando surge un problema tenemos la tendencia a vernos con otros ojos, diferentes a los de los demás. En realidad, hay tres perspectivas que confrontan a la persona que usted está ayudando:

1. ¿ Cómo se ve a sí misma?
2. ¿ Cómo la ven su pareja o las demás personas?
3. ¿ Cómo la ve Dios?

Créame, la experiencia que he obtenido durante muchos años de consejería y de trabajar con personas, me ha convencido de que estas tres rara vez coinciden. Hasta que la persona que ha venido por ayuda no obtenga estas tres perspectivas, no verá la necesidad de pasar a la segunda fase de la consejería. Permítame que lo ilustre de la manera siguiente.

Julio y Mirta han estado casados por dieciocho años. Él tiene cuarenta años de edad y ella treinta y ocho. Cuando ella se casó, pesaba cincuenta kilos y tenía una figura esbelta. Ahora, al acercarse a la edad madura, todo ha cambiado. En cuanto a él, obviamente ya no tiene la misma figura y Mirta ha ganado más peso de lo que ella misma quisiera admitir.

Cuando se casaron, atravesaron un período de dificultades económicas. Durante el difícil primer embarazo de Mirta, ambos se convirtieron en creyentes en Jesucristo y se hicieron miembros de una iglesia. Mirta se ofreció como voluntaria para ayudar en el departamento de cuna de la iglesia, haciendo turnos con otras jóvenes madres, y Julio asistía con regularidad a las reuniones de hombres, especialmente desde que su compañero de pesca, Pedro, ofreció llevarlo.

Para aumentar sus ingresos, Mirta fue pronto a trabajar. Ya que Julio era ingeniero electrotécnico, sus ingresos aumentaron, pero también sus responsabilidades. Cuando llegaron el segundo, el tercer y el cuarto bebé, los ingresos de Mirta se convirtieron en una necesidad absoluta. La vida de Mirta estaba llena de actividades: la iglesia, la Asociación de Padres de Alumnos, nuevos programas de computación en su trabajo. Cuando Julio fue ascendido a nivel administrativo, comenzó a viajar por lo menos un fin de semana al mes. Estando Julio lejos del hogar, u ocupado en su estudio con trabajo de oficina, el matrimonio comenzó a hundirse en el cenagal del aburrimiento de los años de la edad madura.

Al comienzo no había, en realidad, nada malo, aparte del hecho de que la monotonía se había apoderado de su relación.

Cuando estaban juntos, o no tenían nada que decirse o sólo hablaban de las pequeñas cosas que les disgustaban del otro.

Había muchas cosas que Mirta quería decir acerca de ambos, y anhelaba que volvieran a caminar tomados de la mano como acostumbraban hacerlo en la playa. Suspiraba por tener aquellos momentos apacibles de los que disfrutaban de recién casados, cuando no tenían nada más que a sí mismos, cuando noche tras noche se estaban sobre el viejo y gastado tapete frente a la chimenea y conversaban sin reservas.

A ella le habría gustado decir, "Julio, ¿recuerdas cómo acostumbrabas deslizar tus manos sobre mi cabello y me decías que yo era la chica más hermosa que jamás conociste? Tú jamás has vuelto a hacerlo."

La intimidad que significaba tanto, la absoluta sinceridad, y la comunicación mutua que una vez tuvieron, estaban perdidas con el paso del tiempo. Ella recordaba la vez que tenía miedo de que el dentista la inyectara con Novocaína, y en vez de decir únicamente "¡Eso es una tontería, no hay nada de que asustarte!", Julio salió una hora más temprano de su trabajo y se fue al dentista con ella. Pero todo eso era cosa del pasado.

Un día, ella interrumpió el juego de los Dodgers, diciendo impulsivamente, "Julio, si no estuvieras tan enviciado con esa estúpida televisión, podrías tener tiempo para mí y los niños."

Añadiendo ofensa al daño, Julio respondió, "Está bien, ¿qué es lo que quieres?" Ella trató de comunicar sus sentimientos, pero lo que obtuvo fue brillantes respuestas tales como, "Sí, sí, claro. Por supuesto. ¿Y por qué no? ¡Para lo que me importa!".

Ella se sentía rechazada y herida.

Cuando Mirta sugirió la posibilidad de buscar consejería profesional, Julio se puso furioso. "Yo no necesito hablar con ningún psiquiatra. Nuestro matrimonio es tan bueno como el de esos cabezas huecas que piensan saberlo todo y que nos cobran un dineral por una hora de consulta. Y, además, si nosotros mismos no podemos hacer que nuestro matrimonio funcione, nadie podrá hacerlo por nosotros."

Seis meses más tarde Mirta había ganado cinco kilos más de peso y se había inscrito en un club de gordos, con el fin de rebajar, pero nada parecía realmente ayudarla. Y Julieta fue contratada como la nueva secretaria de Julio.

Consejería entre amigos

Divorciada y con dos niños pequeños, Julieta era esbelta y bonita como lo había sido Mirta en los primeros años de su matrimonio. Julio no dijo nada, pero se dio cuenta de ello.

"Bueno, tú sabes, mi esposa está siempre quejándose porque... bueno, ella dice que yo soy un pésimo comunicador y supongo que tiene razón," dijo Julio un día al terminar una sesión de dictado.

"Tonterías" replicó Julieta. "Me he dado cuenta de que tú eres interesante, comunicativo, y... bueno, simpático."

"¿De veras?" comentó Julio entusiasmado.

Así fue como comenzó todo. Pero después de eso, las conversaciones se volvieron más y más íntimas. Finalmente, Julieta le contó a Julio cómo su esposo se había desinteresado de ella y luego la había abandonado por alguien más excitante. Julio entonces, comenzó a contarle a ella lo insípido que se había vuelto su matrimonio con Mirta.

Al principio sólo hubo conversación, nada más. Pero sin darse cuenta, Julio comenzó a inventar excusas para pasar más tiempo con Julieta, por ejemplo, trabajando en el informe de fin de año en las noches, o cenando juntos por estar trabajando en la planificación de la próxima convención de la empresa.

Pero todo cambió la noche en que Julieta dejó caer una hoja de papel sobre el piso al lado de su escritorio. Al inclinarse a recogerla, su larga cabellera castaña cayó sobre la mejilla de Julio. Sin pensarlo, él atrajo el rostro de Julieta hacia el suyo y la besó.

En vez de resistirse, Julieta dijo: "No debiste haberlo hecho. Pero me gustó. Ha pasado tanto tiempo desde la última vez que alguien me besó."

Transcurrieron algunos días, y en una convención tenían habitaciones contiguas, pero la camarera del hotel sólo tuvo que cambiar cada día la lencería de una cama.

Durante seis meses, a Mirta no le pasó por la mente el hecho de que estaba compartiendo a su esposo con alguien más. Cuando Julio se afilió a un gimnasio y perdió unos siete kilos, ella pensó que su esposo sólo había vuelto a interesarse por un poco de tiempo por su salud. Él todavía asistía ocasionalmente a los cultos de la iglesia y parecía más absorbido por su trabajo que nunca.

Cuando Mirta finalmente se enteró de los amoríos de Julio, quedó destrozada y amargada. Hubo copiosas lágrimas, y muchas palabras duras y cortantes salieron de sus labios. Ambos se acusaron mutuamente de ser el verdadero problema.

"Hablemos con el pastor de la iglesia."

"¡De ninguna manera! No vamos a exhibir nuestros trapos sucios frente a los demás."

Julio estaba desgarrado, había momentos en los que no reconocía sus propios sentimientos. A veces lamentaba lo que estaba haciendo, especialmente cuando recogía del sofá, donde se había quedado dormido, a su pequeño de tres años. Se acordaba que él y Mirta habían orado con tanta intensidad cuando ella tenía un embarazo de seis meses y parecía que iba a perder el bebé.

Acostado en su cama, de noche, y escuchando a Mirta sollozar en su sueño, sabía que él verdaderamente la estaba haciendo sufrir. No quería admitirlo, pero en la quietud de la noche sabía que Dios le estaba diciendo, "Escucha, esto no es lo que tú realmente quieres, ni lo que yo quiero. Lo que estás haciendo no está bien.

Ya has ido demasiado lejos, y yo te he ayudado mucho hasta ahora para que lo eches todo por la borda. ¡Endereza tu vida, busca ayuda!"

El trabajo de Julio se vio afectado también. No podía concentrarse. La foto de Mirta y los niños estaba todavía sobre su escritorio; pero Julieta estaba a la entrada de su oficina... y a su alcance.

La semana siguiente se iniciaría la temporada de pesca, un ritual en que él y su viejo amigo Pedro habían participado desde que eran niños. De ningún modo faltarían ese año.

Era la noche del primer día de la temporada cuando él y Pedro estaban en el lugar de pesca. Se sentaron frente a la vieja chimenea de piedras y comenzaron a hablar. Después de intercambiar unas cuantas exageraciones en cuanto a los "peces grandes" que cada uno había logrado pescar, Pedro finalmente dijo, "Oye, Julio, ¿hay algo que te preocupa? Estás más nervioso que cucaracha entre gallinas."

Esa noche lo contó todo, con detalles. Habló de que su matrimonio se había marchitado; de que Mirta se había puesto gorda; de sus permanentes quejas; y de lo hermosa y dispuesta que era Julieta. A las dos de la madrugada surgió por fin la pregunta,

"Pedro, tú pareces tener bien puesta la cabeza. ¿Qué me aconsejas que haga?"

Lo que Julio jamás habría hecho con un consejero profesional, lo hizo con un amigo con el cual se sentía cómodo. ¡Le abrió su corazón y sinceramente buscó ayuda! ¡Qué tremenda oportunidad para Pedro, el amigo de pesca que con frecuencia llevaba a Julio a las reuniones de hombres de la iglesia!

Ahora, como amigo y consejero, la primera tarea de Pedro es ayudar a Julio a verse a sí mismo como realmente es; luego, ayudarlo a verse a sí mismo desde el punto de vista de Mirta (y posiblemente, también, desde la perspectiva de sus niños, con edades de tres a ocho años); y, lo más importante, ayudarlo a verse a sí mismo como Dios lo ve.

¿Cómo lograr esto?

¡Por medio de preguntas penetrantes! Si Pedro quiere ser eficiente como amigo-consejero, tiene que lograr que Julio tome conciencia de toda la situación.

Para Pedro no resulta difícil saber cómo se ve Julio a sí mismo. Éste se ve como todo un hombre con deseos sexuales que no están siendo bien satisfechos en su matrimonio. Le dice a Pedro lo repulsivo que se le ha vuelto hacer el amor a una mujer con treinta kilos demás y que constantemente lo está criticando.

También cree que lo que él está haciendo no es tan malo. "Después de todo," le recuerda a Pedro, "todo el mundo lo hace hoy, inclusive los predicadores...", justificándose a sí mismo, al tiempo que lanza una andanada de invectivas contra un pastor local que se había fugado con la organista de la iglesia. No ve, además, nada malo en gastar tiempo y dinero en Julieta. "Por esto no han sufrido Mirta y los niños", le dice a Pedro.

¿Y cómo lo ve Mirta? Como un traidor a sus votos matrimoniales, como un adúltero que la ha engañado, y como un ladrón que ha hecho uso del dinero y de regalos que debían haber sido de ella y de los niños, para dárselos a su secretaria.

¿Cómo ve Dios lo que ha ocurrido?

Cuando yo enfrento situaciones como ésta con alguien, regularmente pregunto, "¿Cómo cree usted que se siente Dios en cuanto a lo que ha pasado?"

Las respuestas son, por lo general, triviales, tales como: "Oh, yo creo que Él lo entiende. Después de todo, Él me hizo como soy." O "No sé; nunca me he puesto a pensar en ello."

Cuando me responden así, les digo, "Veamos lo que Dios dice acerca de nuestra vida en este libro, la Biblia."

Es preciso señalar que lo que la Biblia dice está en conflicto con algunas teorías aceptadas por las disciplinas seculares dedicadas a la consejería. Antes de que yo describa los cuatro modelos seculares de consejería, asegurémonos de haber comprendido lo que Dios dice acerca de nuestra responsabilidad.

La Biblia enfatiza la responsabilidad individual y personal. Desde el mismo comienzo de los tiempos, el ser humano ha buscado echarle la culpa de sus fracasos a los demás, o a las circunstancias sobre las cuales no ha tenido control. Recordemos que Adán evadió su responsabilidad por tomar la fruta prohibida, al echarle la culpa a Eva: "...La mujer que me diste por compañera me dio del árbol; y yo comí" (Gn 3:12).

Lo que Adán estaba diciendo era, "Mira, Dios, una parte de la culpa es tuya porque Tú la pusiste en el jardín para que estuviera conmigo, y ella tomó el fruto. Lo único que yo hice fue comer de él inocentemente."

Su respuesta a la pregunta de Dios en cuanto a haber comido el fruto estaba completamente alejada de la verdad. "¡Sí, tomé el fruto por mi propia voluntad y soy completamente responsable de mis acciones!"

Un pasaje que siempre utilizo para establecer nuestra responsabilidad personal es Ezequiel 18:20-23: El alma que pecare, esa morirá; el hijo no llevará el pecado del padre, ni el padre llevará el pecado del hijo; la justicia del justo será sobre él, y la impiedad del impío será sobre él. Mas el impío, si se apartare de todos sus pecados que hizo, y guardare todos mis estatutos e hiciere según el derecho y la justicia, de cierto vivirá; no morirá. Todas las transgresiones que cometió, no le serán recordadas;... ¿Quiero la muerte del impío? dice Jehová el Señor. ¿No vivirá, si se apartare de sus caminos?

Cuando se trata de la infidelidad conyugal, hay varios pasajes que hablan claramente sobre el asunto. Usted debe saber cuáles son y poder ubicarlos en la Biblia. Tome nota de los siguientes pasajes: "Pues la voluntad de Dios es vuestra santificación; que os apartéis de fornicación; que cada uno de vosotros sepa tener su propia esposa en santidad y honor; no en pasión de concupiscencia, como los gentiles..." (1Ts 4:3-5).

Jesús condenó el adulterio, como lo registra Mateo 5:27-30 y 19:3- 10, diciendo enfáticamente que si un hombre sentía lujuria por una mujer, ya había adulterado con ella en su corazón. (Véase también Mr 10:1-12 y Lc 16:18, que son pasajes paralelos.)

Las personas, por lo general, culpan a la química de su cuerpo, como lo hizo Julio: "¡No puedo evitar lo que hago porque Dios me hizo como soy!". O bien, culpan el medio ambiente o la sociedad. Justifican su conducta, echándole la culpa a las presiones sociales. Pero Dios dice que ¡cada quien es responsable de lo que hace!

Otro pasaje Bíblico que, por lo general, sirve para establecer la responsabilidad moral es la historia de David y Betsabé. Dios envío al profeta Natán a confrontar a David con la monstruosidad de su pecado. Natán le contó la historia de dos hombres, un rico que tenía grandes rebaños de ovejas y vacas, y uno pobre que no tenía más que una sola corderita, la mascota de sus niños. El rico se apoderó de la oveja pobre, la mató y preparó una comida para el viajero que había venido a su casa. Al escucharlo, David ardió de ira y juró que el hombre que había hecho aquello ciertamente debía morir.

"Entonces dijo Natán a David: Tú eres aquel hombre..." (2S 12:7).

Establezca la responsabilidad mediante preguntas. Sí, usted puede decirle a alguien lo equivocado que está o lo estúpida que ha sido la acción cometida, y generar así considerable carga de culpabilidad (o ira), pero lo que usted quiere hacer es ayudar a la persona a aceptar toda la responsabilidad por sus actos.

Indudablemente, David había considerado cuidadosamente las circunstancias que rodeaban su acción, pero había tratado de que no se llegara a conocer. Pero Dios (por medio de Natán) le dijo: "Porque tú lo hiciste en secreto; mas yo haré esto delante de todo Israel y a pleno sol" (2S 12:12). Una vez que David se dejó vencer por la pasión, no pudo dar marcha atrás. No estaba dentro de sus planes enterar a la nación de haber sido él quien maquinó la muerte de un hombre leal y honorable para poder acostarse con su esposa.

¡Aquello le produjo un impacto terrible!

"Pequé contra Jehová", clamó David. Su arrepentimiento y su profundo dolor por lo que había hecho eran sinceros. David habla de su remordimiento y angustia en el Salmo 51: "Yo reconozco mis rebeliones, y mi pecado está siempre delante de mí. Contra tí, contra tí solo he pecado, y he hecho lo malo delante de tus ojos..." (vv. 3,4). En este momento, David se vio a sí mismo como Dios lo veía, como realmente era, y como otros lo veían. Sólo entonces estuvopreparado para enfrentar las consecuencias de lo que había hecho y experimentar el proceso de reconstrucción que siguió después.

Al ayudar a Julio a verse a sí mismo desde la perspectiva de Dios, Pedro finalmente tiene que enfocar cómo ve Dios la situación de Julio.

Pedro puedo decir algo como: “Bueno, Julio, yo recuerdo un caso en la Biblia de alguien que se metió en problemas, como ha sucedido contigo. Veámoslo juntos”, y entonces ambos buscan el pasaje de David, antes mencionado.

Luego, Pedro puede hacer preguntas penetrantes, tales como: “Por muy doloroso que pueda parecer el pecado de David, ¿crees que Dios ve en forma diferente lo que tú has hecho? ¿Cómo crees que ve Dios lo que ha sucedido en tu caso?”

Identificar el problema lleva a aceptar la responsabilidad

El doctor Frank Pittman es un psiquiatra que se especializa en las razones por las cuales las personas se involucran en relaciones extramatrimoniales. En su libro Private Lies: Infidelity and the betrayal of intimacy (Mentiras Privadas: La Infidelidad y la Traición a la Intimidad), Pittman se refiere a las entrevistas que hizo a cien matrimonios que describen en detalle las razones por las cuales se involucraron con alguien. “No fue el sexo, sino la ausencia de intimidad lo que los llevó a la relación extramatrimonial”.

Lo que Julio y Mirta tenían en otro tiempo, lo que ella quería de nuevo con desesperación, era intimidad, entrega, confianza mutua, espontaneidad, absoluta sinceridad, y vulnerabilidad; siendo ambos completamente transparentes el uno para el otro. La falta de comunicación de Julio lo transformó en alguien distante y poco amigable. El matrimonio es el compromiso que adquieren los cónyuges de tratar de satisfacer sus necesidades mutuas, y esas necesidades van más allá de las sexuales. Mientras que la mayoría de los hombres piensansóloentérminosdelasnecesidadesambientales (la comida, la casa, la ropa), las necesidades de la mujer son mucho más complejas.

Julio nunca había considerado el hecho de que las necesidades de Mirta comprendían también la comunicación, la intimidad y un sentimiento de amor propio. Sus comentarios acerca de la gordura de ella (sus idas a la nevera se habían convertido en una reacción contra la falta de comunicación de él, lo cual se convirtió en un círculo vicioso) no ayudaron en nada a mejorar la autoimagen de Mirta. Recordemos que cuando se casaron, él con frecuencia le decía lo hermosa que era.

El hombre que acepta la responsabilidad por su familia, debe también proveer para las necesidades de su esposa, al igual que ésta debe satisfacer las necesidades de su marido. Pablo les habla fuertemente a los maridos que no se preocupan por las necesidades de su esposa: "Porque si alguno no provee para los suyos... ha negado la fe, y es peor que un incrédulo" (1Ti 5:8).

Cuando no se satisfacen las necesidades, nuestra vida sexual es la primera cosa que resulta afectada, y cuando un cónyuge renuente o inseguro no satisface las necesidades sexuales de su pareja, se crea un vacío que otra persona puede satisfacer.

Cuando me parece que esta situación puede existir, hago la pregunta: "¿Podría usted haber sido responsable en parte de la actitud de su cónyuge, como resultado de su indiferencia; por no haber satisfecho sus necesidades sexuales; por su falta de interés en el mundo de su cónyuge?" O, bien: "¿Ha tratado usted de ver la situación desde la perspectiva de su esposa (o esposo)? Dígame con toda sinceridad:

¿Qué habría hecho usted de haber estado en su pellejo?".

Es vital la satisfacción de las necesidades mutuas. Hace algunos años, un joven llamado William Glasser estudiaba en una escuela de medicina para convertirse en psiquiatra. Éste comenzó a rechazar muchas de las premisas de la psiquiatría moderna, especialmente la teoría del psicoanálisis de Sigmund

Freud. Cuando Glasser había determinado sus ideas, se había convertido en el pionero de un nuevo enfoque en cuanto a la satisfacción de las necesidades de las personas, el cual llamó "terapia de la realidad" (este es el título de su libro en inglés). Con excepción de ciertas enfermedades orgánicas, tales como la esquizofrenia, Glasser afirma que no existen las tales enfermedades mentales, sosteniendo que enfermedades mentales tales como la neurosis y la psicosis no son sino formas de disfrazar síntomas de irresponsabilidad.

Glasser ha llegado a la conclusión de que toda persona, ya se trate de una abuela canosa o de un pequeño bebé, posee dos necesidades básicas: la necesidad de amar y ser amada, y la necesidad de sentirse valiosa tanto para sí misma como para los demás. Cuando se satisfacen estas necesidades, cree Glasser, las personas actúan de forma responsable. Pero cuando no se satisfacen, el resultado es la irresponsabilidad, la cual a menudo se clasifica como enfermedad mental.

Glasser, quien es católico romano por convicción, no intenta establecer una relación entre lo que él cree y lo que enseña la Biblia. Sin embargo, esas dos necesidades, amor y valor, están definitivamente dentro del amplio esquema de lo que la Biblia dice acerca de nuestra vida. La Biblia, sin embargo, va más allá al establecer que toda persona tiene una tercera necesidad: la necesidad de seguridad, la cual se satisface a través de una relación con Dios.

Glasser podría aconsejar a Julieta en contra de su relación con Julio, no porque Dios lo ve como pecado, sino porque no se pueden satisfacer sus necesidades a través de una aventura amorosa pasajera.

Al igual que Glasser, muchos otros psiquiatras están también diciendo lo que la Palabra de Dios ha venido afirmando durante siglos: que toda persona es responsable, y que es posible cambiar. Sin embargo, la mayoría de la gente no acepta los conceptos bíblicos del pecado y de la redención.

Una de las voces más recientes en cuanto a esto, es la del psiquiatra británico Garth Wood, quien sostiene que la neurosis es un mito, afirmando que la "terapia moral" es el remedio para las personas que sufren por haber violado su propia ética, queriendo decir con ello que la persona ya no debe seguir culpando al medio ambiente, o las a enfermedades, o a las demás personas; sino que debe comenzar a reflexionar en sus propios valores internos (cualesquiera que sean). Desde el punto de vista de Wood, no es la violación de las leyes de Dios, sino más bien la violación de nuestro propio sistema moral, lo cual en efecto elimina cualquier criterio objetivo de moralidad, en otras palabras, de lo bueno y lo malo. El enfoque de Wood es pragmático: "Si uno siente alivio, lo que uno hace es correcto". No estoy de acuerdo con esa premisa, ya que la Biblia establece pautas morales perfectamente claras, y Dios nos ha mandado que sirvamos a los demás, no a nosotros mismos.

La segunda meta del proceso de consejería: Analizar las opciones de que se disponen y las consecuencias de aceptarlas o rechazarlas

Durante la primera fase de la consejería usted está tratando de conocer la situación; pero tener un enfoque claro de la situación no cambia nada. Ahora usted tiene que seguir a la segunda fase: el encuentro.

En esta fase usted desea explorar los recursos disponibles para la acción. Usted debe confrontar a su amigo con las consecuencias de sus actos, por muy difíciles que sean de enfrentar. El pasado deja de ser importante. Ahora el futuro lo es todo, y del presente depende lo que será el futuro.

No permita que esta fase se le pase, ni tampoco la trate superficialmente. Es importante, porque el no reconocer las consecuencias de nuestros actos dará como resultado la rebeldía. Tendremos que cosechar las consecuencias naturales, una de ellas, en el caso de Julio, probablemente sería el divorcio. Si nos negamos a reconocer las consecuencias positivas, tendremos que vivir con los resultados de nuestra mala elección.

La pregunta clave con la que usted debe confrontar a su amigo es ésta: "¿Qué vas a hacer ahora? ¿Qué planes tienes?".

Esta pregunta recibe, por lo general, la respuesta: "¡No sé!" Entonces usted puede preguntar, "¡Qué opciones ves?

Comencemos a hacer una lista de las opciones, y luego, una vez que esté completa, consideremos lo que podría pasar con cada una de las opciones."

En el caso de Julio, él tiene tres:

1. No hacer nada en absoluto
2. No hacerle caso a las objeciones de Mirta y continuar viéndose con Julieta.
3. Romper la relación con Julieta, lo cual probablemente significa también tener que conseguirse una nueva secretaria.

Usted podría sugerir las opciones, pero no lo haga. Usted quiere que su amigo enfrente las opciones por sí mismo y, lo que es más importante, que reconozca lo que ocurrirá como resultado de su decisión.

¿Cuáles serían las consecuencias de estas opciones?

Una vez que Julio haya hecho su lista de opciones, yo haría la siguiente pregunta: "¿Cuáles serían las consecuencias de cada una de ellas?"

1. Decidir no hacer nada en absoluto, significa continuar viendo la destrucción de su relación con Mirta, provocada por la amargura y el resentimiento. A veces les recuerdo a las personas que pueden reiniciar su relación, pero nunca será como la primera vez. Les recuerdo su primer beso, la pureza de su amor, su primer hijo, y la alegría que experimentaban al compartir juntos lo poco que tenían.

Una severa consideración que Julio tiene que enfrentar es el impacto que tendrá sobre sus niños su relación amorosa. El doctor Paul Popenoe, una autoridad por mucho tiempo sobre el tema de la familia, sostiene que cuando una pareja tiene dos niños, la vida de por lo menos doce personas está afectada: la pareja que no se pone de acuerdo, los padres de cada cónyuge, los dos niños que crecerán con un pobre apoyo económico y emocional, y aun los hijos de éstos cuando se casen y los tengan. O sea, lo que ocurre entre dos personas en un matrimonio, afecta de manera vital el futuro de todos en el círculo de la familia.

Si la decisión de Julio es pasar por alto el problema, lo que ha decidido es ver profundizar la desintegración de su familia. Yendo más al fondo, yo le preguntaría, "¿Te parece que eso está bien?"

Luego buscaría en la Biblia Santiago 4:17 y le pediría a Julio que lo leyera en voz alta. El texto dice. "Y al que sabe hacer lo bueno, y no lo hace, le es pecado."

Si el punto no ha sido ya claramente establecido, es necesario, aquí mismo, rotular a la situación como lo que es delante de Dios: ¡pecado! Si Dios ve esa

relación ilícita como pecado, y Julio lo reconoce como tal, entonces queda abierta la puerta para que se produzcan el perdón y la sanidad.

2. Julio puede no hacerle caso a las objeciones de Mirta y seguir viéndose con Julieta, pero el tratar de poner distancia entre las dos mujeres, inevitablemente empeorará el problema. Proverbios 28:13: "El que encubre sus pecados no prosperará; mas el que los confiesa y se aparta alcanzará misericordia."

Sin embargo, si el cónyuge no sabe lo que está pasando (en ciertas ocasiones usted hablará con alguien cuyo esposo no está todavía al tanto de lo que ocurre), su amigo, tendrá que enfrentar las consecuencias de vivir una vida de engaño, protegiéndose para que no lo descubran, y exponiéndose a que, al final, se enteren.

La situación de esta persona es muy parecida a la del joven que tomó prestado el automóvil de su padre sin permiso. Al regresar de su diversión, no vio un carro que salió del otro lado de la calle y chocó contra él, dañando la parte delantera del coche de su padre. Al pararse frente al guardabarros hundido, cerró sus ojos y dijo: "Dios mío, ¡ojalá esto no hubiera ocurrido!"

No hay manera en que uno pueda restaurar un vaso de cristal roto. Ciertas acciones producen consecuencias inevitables, algunas de las cuales son dolorosas. Abandonar una mujer por otra no elimina la responsabilidad que un hombre tiene por sus hijos, independientemente de la falta hacia su pareja. Julio engendró a esos hijos, y tiene, por tanto, una responsabilidad ante ellos y por ellos.

3. Julio puede dar por terminada su relación con Julieta y disponerse a mejorar su relación con Mirta. Esto nos lleva a la meta final del proceso de consejería.

La tercera meta del proceso de consejería: Ayudar a la persona aconsejada a descubrir y elegir la voluntad de Dios para su vida

En la segunda fase del proceso de consejería, es necesario enfrentar el asunto del pecado. Encubrir el pecado, o justificarlo sobre la base de nuestra debilidad humana, no ofrece ninguna esperanza para apartarse de él y vencerlo. Pero reconocerlo, llamándolo como lo que realmente es, despeja la senda de la restauración, que es la tercera fase del proceso de consejería.

Al analizar las consecuencias de las opciones, usted tiene que lograr la confrontación con la voluntad de Dios con la de la persona a la cual está ayudando. Es obvio que no puede ser la voluntad de Dios que la persona continúe en una relación o situación pecaminosa.

El concepto tras la palabra griega hamartia, que generalmente se traduce como "pecado" en el Nuevo Testamento, es el de "errar", "no dar en el blanco". Las acciones pecaminosas han apartado a su amigo de la voluntad de Dios, y corregir el pecado requiere una acción positiva, que se traduce en desterrar los malos hábitos que se han vuelto agradables y quizás hasta placenteros.

En este punto, la relación que usted tiene con su amigo es sumamente importante. A veces, el simplemente estar allí con él, animándolo, mostrándole amor y dándole refuerzo sin condenarlo, es la energía complementaria que necesita la persona para hacer lo correcto, especialmente cuando el amigo sabe lo que es correcto pero le falta el valor para dar el primer paso, obedecer la voluntad de Dios. Muchos cristianos cuyos matrimonios fracasan, caen dentro de esta categoría, pero las palabras de un consejero amigo han hecho la diferencia al ayudar a restaurar un matrimonio con problemas.

¿Qué es necesario para producir sanidad en una relación rota?

Se puede ilustrar el proceso de reconciliación de la manera siguiente:

La persona ofensora		**La persona ofendida**
Confesión	⟷	Perdón
Arrepentimiento	⟷	Restauración

En una vetusta instalación para pescadores, mientras el sol se levantaba sobre el horizonte, Pedro y Julio se arrodillaron y oraron juntos. Julio derramó lágrimas de arrepentimiento. Con toda sinceridad confesó que no sabía cómo podría restaurarse su matrimonio con Mirta, pero sí sabía que tenía que pedirle perdón a su esposa y también pedirle que hicieran el intento de comenzar de nuevo. En vez de irse a pescar, los dos hombres regresaron a casa, y después siguió una reunión lagrimosa con Mirta.

¿Cuánto debe decir alguien como Julio a una esposa a quien ha ofendido y herido?

La confesión de pecado delante de Dios y de la persona herida es necesaria, pero no es necesaria una relación o catalogación de las transgresiones ante la parte ofendida. Yo no creo que haya que repasar cada detalle morboso en presencia del cónyuge. Dios ya los sabe, y el esposo sabe que ha sido traicionado.

Julio necesita saber que Dios lo perdonará y que borrará su pecado. (Véase pasajes tales como Salmo 51, Isaías 43:25; Salmo 10;12 y 1 Juan 1:9.)

Una vez que se ha confesado el pecado, es necesario que el cónyuge ofensor pida perdón al cónyuge que ha herido. Siempre resulta un gozo orar con alguien que confiesa su pecado delante del Padre y luego hace lo mismo frente a su pareja. Y para que la santidad se produzca, es esencial que la persona ofendida le extienda un completo perdón al ofensor.

Nunca es suficiente que la persona ofensora diga: "He hecho (tal o cual cosa) y siento haberte herido. "Debe también decir. "¿Me perdonas por lo que te he hecho?" La transacción no estará completa hasta que la parte herida diga: "Sí, te perdono."

Una pareja vino a mí buscando consejo por un problema serio, muy serio. El marido estaba tratando de remodelar la cocina, y su esposa no estaba muy entusiasmada con su diseño. Por estar bajo una gran carga de estrés en su trabajo, y al mismo tiempo pensando que estaba haciendo lo imposible para realizar el trabajo de la cocina, el esposo se enfureció por las objeciones de su esposa, olvidando que ella era quien debería pasar muchas horas en la cocina remodelada. Así, en un arrebato de ira, le dio un puñetazo. (Aunque puedo entender lo de la ira, jamás puedo justificar la violencia física en el matrimonio.)

"¿Ha ocurrido esto antes?", le pregunté al marido. Este titubeó un poco y luego me dijo que era la primera vez. Pero cuando le hice la misma pregunta a la esposa, por separado, me informó que ya había ocurrido antes, pero que no podía recordar cuántas veces.

"¿Lo ha perdonado usted alguna vez?".

"No realmente. ¡Ya no aguanto más, no puedo seguir tolerando esta situación!", replicó.

Comencé a aconsejar, primero al esposo, y luego a ambos. Al final, él comprendió que el estrés debía manejarse de manera distinta, no permitiéndose descargar la ira sobre su esposa y sus hijos. Con lágrimas en sus ojos, preguntó, "Mi amor, ¿podrás perdonarme?".

Ella vaciló, pero suavemente respondió, "Sí, te perdono." Después la esposa me dijo, "¿Sabe? Algo cambió dentro de mí cuando le dije: "sí, te perdono." Yo realmente jamás lo había perdonado antes, ni siquiera cuando me decía que lo sentía. Pero esta vez fue diferente."

Repito: Tan necesario es que la persona ofensora pida perdón, como importante que la persona ofendida lo extienda.

El arrepentimiento debe ir a la par con la reconciliación o restauración. Por más arrepentida que pueda estar la persona ofensora, si la parte ofendida no le extiende realmente restauración, la verdadera sanidad no se producirá, y la herida continuará supurando y finalmente destruirá la relación.

Resulta muy fácil para la persona ofendida recordarle a su cónyuge su pecado. Sí, comprendo que una vez que se ha destruido el muro de confianza, reedificarlo significa un proceso largo y doloroso; pero se debe emprender.

Por un largo período de tiempo, después de haber terminado su relación con Julieta, siempre que Julio llegaba tarde a casa, o tenía que ausentarse de la ciudad, o recibía una llamada telefónica de una persona no identificada del sexo opuesto, los recuerdos de su infidelidad volvían a aparecer en la mente de Mirta. Julio lo comprendía, e hizo lo más que pudo para hacerle saber cuándo iba a necesitar más tiempo para llegar tarde y por qué; Mirta tuvo que recordarse a sí misma que el perdón no está completo mientras conservemos pensamientos de amargura y dejemos que consuman nuestra paz mental.

Poco después de aquel memorable viaje de pesca con Pedro, Julio animó a Julieta a buscar trabajo en otro lugar, y Mirta interpretó esto como una verdadera prueba de fidelidad a su matrimonio. Y aunque algunas de sus amigas le dijeron que era tonta por seguir viviendo con Julio, y a veces ella misma se preguntaba si eso había sido realmente lo correcto, sentía en su corazón que tenía mucho por ganar al luchar por perdonar y reedificar su matrimonio.

Al escribir a los efesios acerca de la importancia del perdón, Pablo utiliza la analogía del perdón que Dios nos otorga, como perdón que debemos seguir al perdonarnos los unos a los otros. "Antes sed benignos unos con otros, misericordiosos, perdonándoos unos a otros, como Dios también os perdonó a vosotros en Cristo" (Efesios 4:32).

Jesús dijo: "Porque si perdonáis a los hombres sus ofensas, os perdonará también a vosotros vuestro

Padre celestial; mas si no perdonáis a los hombres sus ofensas, tampoco vuestro Padre os perdonará vuestras ofensas" (Mateo 6:14,15). ¿Le resultan fuertes estas palabras? ¿Por qué Dios exige tan fuertemente que nos perdonemos mutuamente? La respuesta debe ser, seguramente, el alto precio que significó para Él entregar a su Hijo para ser crucificado en el Calvario, proveyendo así el medio para nuestra salvación.

El mantener nuestra actitud de "yo soy mejor que tú" destruye el proceso de restauración y lleva a menudo a más infidelidad.

Un día después de haber hablado en cierto seminario bíblico, me llamó por teléfono una llorosa joven, quien comenzó diciendo, "Lo escuché hablar ayer, y necesito con desesperación su ayuda." Me contó que su esposo se estaba preparando para el ministerio cristiano, y que al mismo tiempo había convertido la vida de ella en un infierno.

También me dijo, "Cuando era adolescente, tuve relaciones sexuales con mi novio. Después de recibir a Cristo como mi Señor y Salvador, me di cuenta de que lo que hacíamos no estaba bien, y rompí la relación. Luego, antes de casarnos, sentí que debía decirle a mi novio que yo no era virgen y confesarle lo que había ocurrido."

Sollozando, agregó, "Pero ahora que estamos casados, él quiere más detalles, y ya le he dicho todo lo que tenía que decirle. Pero me grita y me dice: "Tú no sirves para nada; no eres digna de mí; no eres sino una perra."

"¿Podría decirle a su esposo que me llame mañana?", le pregunté.

El día siguiente el joven me llamó. Entonces comencé a hablarle acerca del perdón y de la aceptación mutua, porque Dios nos ha perdonado; pero sin ningún resultado. Finalmente le dije, "Suponga que yo tenga una máquina capaz de leer sus pensamientos, y que la he traído el domingo a la iglesia y he proyectado en una pantalla todos los pensamientos que usted tuvo durante la semana, para que todos los vean. ¿Se sentiría usted turbado?".

¡Yo lo había acorralado y él lo sabía! Admitió que sí lo incomodaría.

Entonces le repetí las palabras de Jesús, quien dijo: "Oísteis que fue dicho: No cometerás adulterio. Pero yo os digo que cualquiera que mira a una mujer para codiciarla, ya adulteró con ella en su corazón" (Mt 5:27,28).

"No sólo se avergonzaría usted, sino que además se arrastraría bajo el asiento más cercano y escondería su cara por la vergüenza, ¿verdad?".

¡Lo admitió!

El decir: "Está bien, te perdono, pero si lo haces de nuevo, ¡se acabó!" no es perdón, sino una manera de libertad condicional, y la libertad condicionada no es lo mismo que la restauración.

El perdón involucra a Dios, al ofendido y al ofensor, y las tres partes deben funcionar juntas para que se produzcan la verdadera sanidad.

En el caso de Julio y Mirta, el verdadero perdón y la sanidad tomaron entre seis meses y un año.

Pedro fue una estupenda ayuda, tanto para Julio como para Mirta, en el año que siguió a la lagrimosa confesión de Julio. Pedro era mucho mayor que Julio, lo que le permitió ser para él como un "padre". Él y Julio comenzaron a reunirse semanalmente para ayudar en el proceso de sanar la relación rota. Julio consintió en dar cuenta de todo a Pedro, confrontando los problemas y poco a poco reconstruyendo su matrimonio.

Lo que les sucedió a Julio y Mirta fue doloroso, y reconstruir su relación no fue cosa fácil, pero se hizo. Mirando retrospectivamente el proceso, ambos dirían que esta fue la mejor decisión que jamás tomaron.

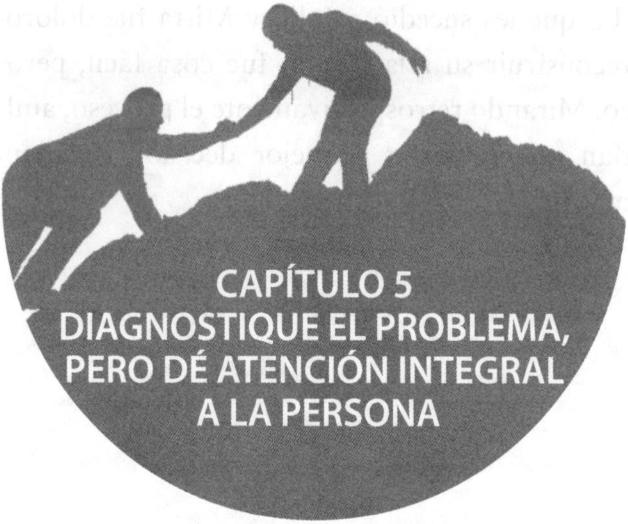

CAPÍTULO 5
DIAGNOSTIQUE EL PROBLEMA, PERO DÉ ATENCIÓN INTEGRAL A LA PERSONA

Tener sólo un poco de conocimiento sobre alguna materia es cosa peligrosa. Hace treinta años yo tenía respuestas para la mayoría de los problemas de la vida, pero mirando retrospectivamente tras varias décadas de experiencia, no estoy tan seguro de siquiera haber entendido bien los problemas. La vida es compleja, y muchos de los asuntos que confrontamos desafían las soluciones simplistas que nos ofrecen arreglar las cosas en un dos por tres.

Quizás el riesgo más grande que confrontan quienes desean ayudar a las personas, es el de lanzarse a conclusiones precipitadas en cuanto a la verdadera naturaleza de sus problemas, antes de darles la debida oportunidad para llegar al fondo de sus dificultades.

Me acuerdo del caso del joven que había terminado sus estudios de psicología y montó un consultorio. Tras haber colocado afuera su placa profesional, esperaba ver a todo el mundo asediándolo en solicitud de sus servicios. Al tercer día, escuchó el sonido de unos pasos en el pasillo. Resuelto a impresionar a su primer cliente con su sabiduría, levantó el teléfono y dijo:

"¡Sí, sí! Seguro que puedo ayudarle con su problema. Sí, por supuesto, veo pacientes con su mismo problema casi todos los días.

¡Bien, el viernes a las cuatro! ¡Es la primera oficina al fondo del pasillo, a la derecha! ¡Nos vemos!".

Colgó el teléfono, miró al joven que estaba de pie frente a él, y le preguntó "¿En qué puedo servirlo?".

"Vengo a instalar su teléfono, señor!", respondió el visitante.

En la primera fase del proceso de consejería, la fase exploratoria, usted, como consejero-amigo, trata de asegurarse de la naturaleza real del problema. Nuestra tendencia es aislar el problema espiritual, cualquiera que pueda ser, y resolverlo con dos o tres versículos bíblicos, cuando, en realidad, el problema es una combinación de lo emocional, lo físico y lo espiritual. Nuestra tarea sería mucho más fácil, si pudiéramos deducir que todos los problemas que demandan consejería fueran de naturaleza espiritual, neutralizando con versículos bíblicos la fuente de insatisfacción.

En consecuencia, tenemos la tendencia a dividir los problemas en emocionales, físicos o espirituales. Sin embargo, una de las cosas que usted debe aprender es que, cuando alguien sufre, aunque la causa primaria pueda estar más relacionada con un aspecto particular de alguna de estas tres esferas, las tres se verán afectadas.

Cuando el nivel comienza a descender en el "panal" de la vida, este nivel se reduce en las tres áreas. A menudo utilizo la ilustración de un cilindro, el cual está dividido en tres secciones por una malla metálica, de manera que los líquidos que lo llenan no puedan mantenerse aislados entre sí.

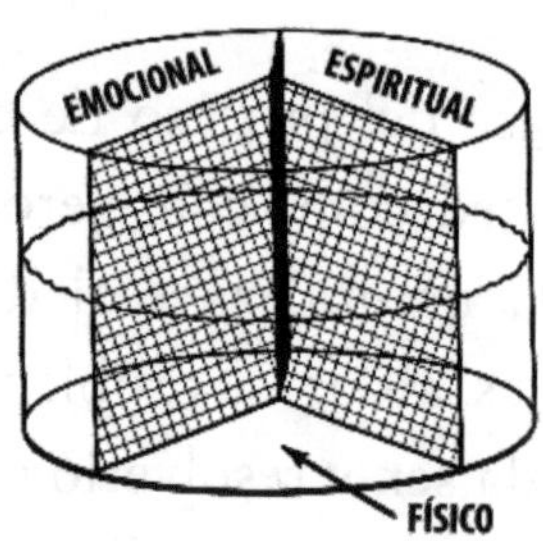

Una de mis críticas a la psiquiatría secular es su incapacidad de reconocer la naturaleza espiritual del ser humano. Génesis 2:7 dice: "Entonces Jehová Dios formó al hombre del polvo de la tierra, y sopló en su nariz aliento de vida, y fue el hombre un ser viviente." El hombre, hecho a la imagen de Dios -a pesar de su condición de criatura caída- tiene sensibilidades y percepciones que no posee ninguna otra de las maravillosas criaturas hechas por Dios.

Por supuesto, los psiquiatras que practican su fe, están en una posición muy diferente y reconocen que el ser humano es una mezcla compleja de lo emocional, lo físico y lo espiritual.

¿Cómo trata la psiquiatría los problemas de la gente?

Actualmente la psiquiatría utiliza una o más de las siguientes técnicas básicas de tratamiento:

La terapia de choque

Habiendo sido utilizado ampliamente hasta hace algunos años, esta forma de tratamiento ya no se practica tanto como antes (¡gracias a Dios!). Sus logros han sido muy criticados, y los riesgos de daños al cerebro son considerables.

La terapia química

La consigna aquí es "vivir mejor mediante la química". La industria farmacéutica se ha convertido en una de las más grandes, y en ella se invierten vastas sumas de dinero en tranquilizantes y en toda una gama de drogas para elevar el estado de ánimo, reprimir los sentimientos de preocupación y controlar las emociones.

Reconozco lo importante y útiles que pueden ser estas drogas bajo ciertas circunstancias. Algunas personas que sufren de depresión pueden encontrar considerable alivio con pequeñas dosis de litio, el cual parece equilibrar una deficiencia química del cuerpo, de la misma manera que los lentes corrigen el astigmatismo del órgano ocular. Mi crítica, sin embargo, es a los médicos que administran sedantes y tranquilizantes para todas las formas de problemas, en vez de ir al fondo de los conflictos de la persona.

La terapia verbal

Llamada con frecuencia "terapia conversacional", la psicoterapia cubre un amplio espectro del proceso de consejería. En un sentido, quienes utilizan lo que yo llamo "biblioterapia" (la aplicación de los principios bíblicos a las necesidades del hombre) están practicando la terapia verbal.

La cirugía

En casos graves de enfermedad mental, la neurocirugía es uno de los últimos recursos.

Diagnosticando los problemas físicos

El consejero prudente trabaja en cooperación con la ciencia médica. Este es el caso, por ejemplo, del doctor Jack Morris, un pastor quien es además psicoterapeuta graduado. El doctor Morris trabaja estrechamente con un equipo de tres médicos, todos cristianos consagrados, y éstos igualmente trabajan concertadamente entre sí. A veces, el doctor Morris envía un cliente a estos médicos, cuando tiene la sospecha de que sus problemas emocionales tienen origen físico. Los médicos, a su vez, cuando tratan a un paciente que ha venido con algún problema físico, pero el mismo es diagnosticado como más de naturaleza emocional o espiritual, lo envían al doctor Morris, quien puede ayudar a esta persona a solucionar su conflicto. ¡Esto tiene sentido!

¿Cómo saber cuando un problema puede tener origen físico? En la mayoría de los casos usted identificará rápidamente cambios de humor, depresión, cansancio o aburrimiento, a pesar de que la persona parece tener una buena relación con Dios. Usted no puede realmente detectar un conflicto espiritual, ni tampoco problemas importantes de origen emocional. La persona no tiene conflictos con nadie. Parece que le gusta su trabajo, no se siente atrapada por una situación altamente incómoda, podría ser el tener que trabajar para alguien con quien no simpatiza y, al mismo tiempo, no querer renunciar por temor a no conseguir otro empleo. Esto le hace suponer a usted que puede haber un problema físico, que se manifiesta a través de estos cambios de humor.

"¿Desde cuándo no se hace un examen médico completo?". Es una pregunta que normalmente hago, y la respuesta típica es "No lo recuerdo, pero fue hace mucho tiempo."

"Bien, antes de que nos veamos de nuevo, quiero que vaya al médico, y especialmente quiero que se haga un examen del nivel de azúcar en la sangre."

¿Por qué? Porque la dieta y el nivel de azúcar de la sangre afectan nuestras emociones y estado de ánimo. Por ejemplo, la hipoglucemia, o bajo nivel de azúcar, puede producir letargo y hasta depresión; o la incapacidad para funcionar sexualmente de un esposo quizás no sea emocional, sino más el resultado de una diabetes (exceso de azúcar) no diagnosticada ni tratada.

Decirles a las personas que Dios les ama y que Él tiene un plan para su vida es bueno, pero lo que a veces necesitan, es darse cuenta de que parte de ese plan, es permitir que un médico les muestre los problemas físicos y la manera como hacerles frente.

En cierta ocasión, aconsejé a una mujer que comenzó diciéndome lo físicamente fatigada que se sentía todo el tiempo, y que tenía que recostarse cada cierto tiempo cuando hacía las labores de la casa. Me explicó que había momentos en los que se sentía bien y otros en los que realmente se sentía mal. Había ido a su médico, quien le dijo que no tenía ningún problema físico, sugiriéndole que viera a un psiquiatra. Lloró luego lágrimas amargas al decirme, "Ni siquiera mi marido me cree cuando le digo que me siento mal. Él cree que estoy fingiendo, cuando en verdad me estoy sintiendo mal. A veces pienso que quizás me he vuelto loca."

¡Ella no estaba loca! Lo que tenía era lupus erythematosus (una enfermedad de la piel), que al final le fue diagnosticada por un especialista. Cuando la mujer supo en qué consistía su problema, éste no desapareció, pero sí desapareció el conflicto emocional que le producía el pensar que tenía algún problema mental, y los médicos comenzaron a tratar el origen del problema.

Cuando uno sufre físicamente, también su vida espiritual se ve afectada. La vida de Elías demuestra dramáticamente que aun los gigantes espirituales se fatigan, se desaniman y les dan ganas de renunciar cuando están exhaustos físicamente. Eso es algo que a menudo olvidamos.

La historia de la confrontación de Elías con los cuatrocientos cincuenta profetas de Baal, demuestra una estupenda victoria. El fuego que descendió del cielo vindicó al profeta solitario de Dios. Fue una victoria en todo sentido.

Pero a la mañana siguiente, Jezabel, la esposa del rey, comunicó a Elías a través de un mensajero, lo siguiente: "Así me hagan los dioses, y aun me añadan, si mañana a estas horas yo no he puesto tu persona como la de uno de ellos" (1 Reyes 19:2). De repente, se oscureció el cielo de Elías y el hombre de Dios se acobardó y huyó para salvarse la vida. ¿Es éste el gigante espiritual que oró para que descendiera fuego del cielo y quien valientemente desafió él solo a los centenares de falsos profetas?, ¿Era un gigante o un mosquito que huía?

Era el mismo hombre, por supuesto, pero uno que estaba física y emocionalmente exhausto. "Elías era humano como nosotros" dice Santiago 5:17 (Nueva Versión Internacional), y en esta declaración hay una extraordinaria revelación: ¡Usted no es un hombre de hierro, o una guerrera de la selva! Cuando usted está físicamente exhausto, su perspectiva emocional y su relación con Dios se ven afectadas, razón por la cual Santiago nos manda a "orar los unos por los otros" (5:16 Versión Internacional). Le sucedió a Elías, y les ha sucedido a decenas de otros gigantes de la Biblia, así que, usted tiene que entender qué está pasando cuando se ve afectado de la misma manera.

Diagnosticando los problemas espirituales

Cuando yo era joven, y pastoreaba mi primera iglesia, Samuel Jones vino a verme en mi oficina. Este gigantón corpulento, puso un rollo de billetes en mi mano, mientras decía, "Aquí tiene. ¡Este es el dinero que habría pagado por las sesiones de choque que iba a tener, pero que ya no necesito más!".

Samuel había estado bajo tratamiento psiquiátrico durante varios años, sin ningún éxito. Pasaba cierto tiempo bajo la supervisión de un médico, y luego, al no obtener resultados, se buscaba otro. La última serie de sesiones de choque no lo habían ayudado a disipar los recuerdos de un pasado difícil. Pero cuando recibió a Jesucristo como su Señor, y pudo comprender que había sido perdonado y borrado su pasado, como si jamás hubieran existido (Sal 103:12), sus problemas rápidamente se disiparon.

El psiquiatra reconoció la rápida mejoría de Samuel y el tratamiento de choque fue eliminando. Esta fue una de mis primeras experiencias con la manera dinámica en que Jesucristo puede cambiar totalmente la perspectiva emocional de una persona. No es de extrañar entonces, que el doctor Paul DuBois, psicoterapeuta, afirme: "La fe religiosa es la mejor prevención contra las enfermedades del alma, de la mente y del cuerpo; y es la medicina más poderosa jamás descubierta para curarlas." ¡Estoy de acuerdo!

En el curso de los años, he visto a decenas de hombres y mujeres, con vidas profundamente perturbadas, cambiar radicalmente gracias a su fe en Jesucristo: a alcohólicos (algunos de los cuales habían pasado por dieciocho diferentes terapias), a drogadictos, a homosexuales, y a personajes honorables y decentes, cuya vida estaba tan atada por el temor que no se atrevían siquiera a salir de su casa.

Las ciencias que no son capaces de admitir la naturaleza espiritual fundamental del ser humano, con toda seguridad se declararán impotentes para tratar las enfermedades del espíritu. Cuando nos apartamos de la voluntad de Dios, tenemos un problema espiritual; la respuesta está en enfrentarlo como lo que realmente es: pecado; y volver a estar en armonía con la voluntad del Padre.

Jonás, el profeta, ha sido reproducido en la vida de millones de hombres y mujeres que asistieron a la iglesia cuando eran niños, pero a quienes la fe "les quedó chica" en sus años de adolescencia o durante los estudios en la universidad. Le dieron la espalda a Dios y vivieron como si no existiera, como si no tuvieran que rendir cuentas algún día, o como si no hubiera una eternidad después de esta vida.

¡El problema de Jonás era espiritual! Había sido desobediente a la orden de Dios. El resultado fue (en sus propias palabras): "Mi alma desfallecía en mí..." (Jon 2:7). Ese era el problema espiritual. El físico pudo haber sido una alta presión sanguínea que amenazaba hacerle estallar la cabeza, pero darle a Jonás unas cuantas pildoritas para su presión sanguínea, no era lo que le hacía falta. Sólo el arrepentimiento, la confesión y la puesta en marcha en una nueva dirección, pudieron resolver su problema.

El tratar suavemente, pero con insistencia, a las personas, llevándolas a ver la perspectiva desde el punto de vista de Dios, durante la fase uno, abre la puerta para que la persona considere las opciones de la fase dos, y luego dé el giro espiritual en la fase tres para que decida escoger la senda de la voluntad de Dios.

Las aflicciones espirituales ignoradas y no diagnosticadas, dan como resultado enorme sufrimiento emocional y aun dolor físico. El apóstol Pablo lo reconoció en la iglesia de Corinto: "Por lo cual hay muchos enfermos y debilitados entre vosotros, y muchos duermen (están muertos)" (1Cor 11:30).

El doctor Jack Kelly, uno de los mejores cardiólogos de Escocia, habló conmigo acerca de las necesidades emocionales y espirituales de las personas. Me dijo que, en cierta ocasión, le pidieron que examinara a un paciente que estaba sufriendo de "dolores en el corazón"; pero él no detectó ninguna enfermedad física. Sin embargo, siendo cristiano consagrado, el médico comenzó a hacerle más preguntas que lo llevaron a descubrir que el paciente había regresado recientemente de París y que estaba sufriendo de un caso agudo de sentimiento de culpa por causa de su comportamiento sexual impropio allá. Aunque la mayoría de las técnicas de los cardiólogos cesan cuando el electrocardiograma resulta normal, Jack Kelly sabía tratar ambos problemas.

La respuesta para la culpabilidad espiritual, está en aplicar los recursos del perdón y de la limpieza mediante la sangre de Jesucristo; una solución que usted, como laico, puede recetar libremente.

Cuando Larry Crabb finalizó sus estudios doctorales de psicología clínica, había dividido los problemas de las personas en dos categorías: "problemas emocionales" y "problemas espirituales". Al hablar de esa división, Crabb dice:

"Consideraba los recursos de la fe cristiana como buenos complementos al conjunto de técnicas utilizadas por el terapeuta cristiano. Sin embargo, distinguía claramente entre problemas psicológicos y problemas espirituales. Por ser capaz de resolver los problemas psicológicos, creía que la mayoría de las veces la fe cristiana era útil, pero rara vez esencial".

Sin embargo, el comenzar Crabb a tratar a las personas, descubrió que a él venían quejándose, con frecuencia, de problemas superficiales. No obstante, cuando intentaba tratarlos, no podía identificar ningún problema. Dice el doctor Crabb:

"Escudriñando más profundamente, notaba que estas personas tenían un montón de ideas necias acerca de la vida, que dejaban fuera a Dios, y que tenían una terca inclinación hacia lo negativo e igualmente una terca falta de inclinación a admitir que estaban equivocadas".

Ante esto, Crabb se dio cuenta de que estaba tratando con problemas que no se podían calificar realmente de "enfermedades mentales", sino que más bien "requerían mucho más de lo que la psicología podía ofrecer".

Luego, en vez de considerar a la fe cristiana como algo que era "útil pero no esencial", Crabb comenzó a verla como "esencial para la solución de los problemas personales", considerando la relación personal con Cristo como "una base imprescindible para tratar todos los problemas, tanto psicológicos como espirituales".

Guiar a una persona a la voluntad de Dios significa "desprogramarla" de un montón de ideas que han saturado nuestra sociedad, tales como:

- Mi éxito personal es lo más importante del mundo.
- Mi felicidad es imprescindible.
- Tener suficiente dinero resuelve todos los problemas.
- Otra persona probablemente podría satisfacer mejor mis necesidades.
- Quizás el sexo no lo sea todo en la vida, pero está mucho antes de lo que ocupe el segundo lugar.
- Si tuviera mejor físico, me amarían.
- Si realmente me amaras, sabrías lo que estoy pensando.

En un mundo secularizado, los cristianos son bombardeados por filosofías e ideologías que se oponen al plan y al propósito de Dios para la vida. Al mismo tiempo, nuestra naturaleza pecaminosa está en guerra permanente contra el plan de Dios para nuestra vida.

Si la persona que vino a usted en busca de ayuda hubiera entendido esto, y si hubiera comprendido las implicaciones de sus acciones pasadas, probablemente no se encontraría ahora enfrentando

dificultades. Sin embargo, el admitir la causa de éstas, le ayudará a llegar a una solución.

Otra falta que se observa en una diagnosis incorrecta es no escuchar lo que realmente está diciendo la persona a la cual usted está tratando de ayudar. Las técnicas de comunicación son importantes, y si usted no dispone de ellas, puede desarrollarlas. Obviamente, no está escuchando si su mente, al mismo tiempo, se adelanta a lo que la persona le está diciendo. Tampoco puede escuchar muy bien si, mientras que la persona habla, usted está pensando en las responsabilidades que tiene, y que debería estar haciendo algo mejor que escuchar a una persona con problemas.

Dedique tiempo, escuche, ore y evalúe, pues sólo entonces estará preparado para responder la pregunta: "¿Qué me aconsejas que haga?"

CAPÍTULO 6
¿ACONSEJAR CON "LOS LIBROS" O CON "EL LIBRO"?

Recientemente, un grupo de psicólogos llevó a cabo un experimento en la Universidad Vanderbilt, de Nashville, Tennessee. Querían saber si la consejería dada por personas afectuosas y cordiales, pero que no habían realizado estudios de psicología, era tan efectiva como la de los psicoterapeutas y profesionales. El grupo de profesionales, algunos de los mejores en su área, tenía un promedio de veintitrés años de experiencia en su actividad. El segundo grupo estaba formado por profesores universitarios que no habían tenido ninguna experiencia formal ni estudios en cuanto a cómo aconsejar.

Ambos grupos trabajaron con personas perturbadas, por no más de veinticuatro horas, y al final del período se realizaron las comparaciones. El resultado fue, que "los pacientes bajo psicoterapia con los profesores universitarios mostraron... cuantitativamente igual mejoría que los pacientes tratados por los psicoterapeutas profesionales experimentados."

En un artículo no relacionado con el experimento anterior, la revista Insight del diario Washington Post, censura la importancia del psicoanálisis, diciendo: "Si los cirujanos tuvieran el mismo promedio de operaciones exitosas que los psicoanalistas, ya no habría cirugía; todos los cirujanos estarían en la cárcel por acusaciones de negligencia profesional."

Es de esperar que los profesionales vean con desdén estudios como el arriba mencionado, ya que en el campo de la psiquiatría, hay probablemente menos acuerdo entre los profesionales en cuanto a lo que realmente funciona, que en las demás disciplinas científicas. El psiquiatra Garth Wood rompe con las creencias tradicionales de su profesión, aseverando que las personas que no han realizado estudios formales, son algunos de los mejores recursos para ayudar a las personas. Wood está convencido de que quién tiene un conocimiento íntimo de otra persona, puede ser una fuerza poderosa y catalizadora para el bien en la vida de esa persona. Después de todo, es usted quien conoce los puntos fuertes y los puntos débiles de su amigo; es usted quien conoce los patrones de hábitos, las idiosincrasias de la personalidad, y lo que es capaz de motivarlo. Usted, entonces, comienza con una ventaja en cuanto al conocimiento del individuo, de la que carece el profesional, quien sólo puede obtenerla después de muchas horas de conversación y de exploración insistente.

Para quien conoce a Cristo como su Señor y Salvador, hay, además, una fuente adicional de sabiduría y revelación: la presencia del Espíritu Santo. Durante la Semana de la Pasión, Jesús se refirió en cuatro oportunidades a la venida del Espíritu Santo. Empleó una palabra que no se había usado antes para referirse al Espíritu Santo: parákletos, un término que se traduce como "consejero" en la Biblia (Nueva Versión Internacional). Jesús dijo a sus discípulos que rogaría al Padre, para que les enviara otro consejero, el cual los guiaría a toda verdad y les mostraría las cosas por venir. Este es el mismo Consejero que mora en los hijos de Dios hoy, y que puede darles el conocimiento que no podrían tener de ninguna otra forma.

Quizás usted esté pensando: "¿Cree usted eso en verdad?". Estoy convencido, basado en mi propia experiencia, de que el Espíritu Santo le ayudará a usted a concentrarse en las cosas que la persona aconsejada dirá, y que ello le conducirá a los aspectos vitales de su problema. "¡Ocurre porque tiene que ocurrir!", dirá usted. No lo creo. Dios conoce el futuro; también conoce el pasado de una manera que usted no sabe, y mientras usted aconseja, Dios lo moverá a hacer preguntas y le dará nuevas intuiciones que no podría tener de otra forma. El Espíritu Santo sirve como el Consejero que le guiará a usted y ayudará a la persona aconsejada a ubicarse dentro de la voluntad de Dios.

El Espíritu Santo y la práctica del aconsejamiento

El Espíritu Santo, la tercera persona de la Trinidad, es santo porque la santidad es parte de la naturaleza divina. Tras la palabra "santo" hay dos conceptos: pureza y separación. El Espíritu Santo no es una idea abstracta o filosófica, sino una persona con la voluntad y la mente de Dios, quien nos produce convicción y nos guía a la verdad. El Espíritu Santo es el agente de conversión, y cuando se trata de aconsejar, es la fuente de transformación definitiva de la personalidad, al dar paso nuestra vieja naturaleza a la imagen de Cristo en nosotros.

Por siglos, se ha debatido el tema de la naturaleza versus crianza, o herencia versus medio ambiente; sin embargo, la discusión carece de importancia si el Espíritu Santo comienza a actuar en una vida, un proceso que se describe como "santificación" en el

NuevoTestamento. En tres ocasiones se nos dice que esta labor de "limar las asperezas" de nuestra vieja naturaleza, es obra del Espíritu Santo de Dios.

En el primer siglo de la era cristiana, llamar a alguien "corintio" significaba difamar el carácter y la moralidad de esa persona. Quienes vivían en la antigua ciudad de Corinto no se vanagloriaban de su linaje familiar, como lo hacían los atenienses. Rematando la acrópolis que dominaba a Corinto estaba el magnífico templo de Afrodita, la diosa de la sexualidad, cuyo millar de sacerdotisas no eran más que prostitutas sagradas. Entre los que Pablo menciona en su epístola a los Corintios hay adúlteros, homosexuales, travestidos, alcohólicos, extorsionadores y pervertidos. Al hacer la lista de ellos, Pablo agrega: "Y esto erais algunos; mas... ya habéis sido santificados... por el Espíritu de nuestro Dios" (1Cor 6:11).

Esta grandiosa obra de santificación que lleva a cabo el Espíritu Santo de Dios en la vida de las personas, es algo que no puede comprender ni imitar el mundo secular. Es la victoria del Espíritu Santo tanto sobre la herencia como sobre el medio ambiente.

El Espíritu Santo obra a través de los hombres y las mujeres que están en contacto con Él, lo cual significa que Dios lo utiliza a usted cuando realiza la tarea de aconsejar a las personas con problemas. En su libro Capacitado para orientar, dice Jay Adams: "La utilización por parte de Dios del instrumento humano en la labor de aconsejar... no deja a un lado la obra del Espíritu Santo; por el contrario, es el medio principal y normal a través del cual Él actúa".

Dicho de otra manera, Dios, por medio de su Santo Espíritu, obra en nosotros y a través de nosotros, para lograr que las personas obedezcan a su voluntad. Usted tiene, entonces, una parte importante en el restablecimiento del orden en el reino de Dios, que se perdió como resultado de la tenebrosa entrada del pecado al mundo. Esta es la razón por la cual usted debe trabajar en armonía con el Espíritu Santo, y no contra Él, en la tarea de guiar a las personas a la voluntad de Dios.

Entonces, ¿por qué no utilizar la Biblia conjuntamente con algunas de las técnicas psicológicas modernas? Muchas técnicas son amorales, es decir, ni buenas ni malas en sí mismas. Podemos aprender algo de estas disciplinas seculares, pero con demasiada frecuencia, y sin darnos cuenta, lo que hacemos es adoptar esquemas seculares al aconsejar, para luego bautizarlas con unas cuantas gotas de versículos bíblicos, pensando que estamos aconsejando dentro de un contexto cristiano.

En su libro Psychological Seduction (la seducción psicológica), William Kirk Kilpatrick dice:

> El verdadero cristianismo no se combina bien con la psicología. Cuando uno trata de mezclarlos, lo que muchas veces tiene al final, es un cristianismo diluido en vez de una psicología cristianizada; pero el proceso es sutil y rara vez se nota. Yo no estaba consciente de que estaba confundiendo dos cosas diferentes, y los demás en la iglesia que habría esperado que me lo hicieran ver, estaban bajo el mismo encantamiento que yo. No se trataba de un ataque frontal contra el cristianismo; estoy seguro de que lo habría rechazado. No se trataba, tampoco, del caso del lobo a la puerta; el lobo ya estaba confundido con el rebaño, vestido como cordero, y por la manera como el tal era consentido y alimentado por algunos de los pastores, uno podría pensar que se trataba del cordero más valioso.

¿Por qué razón las personas llegan a confundirse tanto?

Muchas veces, las personas, sin proponérselo, se hallan en una posición de liderazgo. No han buscado ser consejeros; es algo que les ocurre por ser maestros de Biblia, líderes de grupos de discusión, o personas extrovertidas que ejercen rápida atracción sobre los demás. Éstos comienzan a buscarlas para que les guíen y ayuden.

Dios bendice sus esfuerzos con un éxito moderado, pero a veces tienen que luchar con sentimientos de insuficiencia. Son como el consejero que piensa: "Podría ayudar más a las personas, si tuviera una preparación profesional." Entonces, inseguros de dónde o cómo obtener esa preparación, se matriculan en un curso de psicología secular en alguna universidad.

He conocido a varios hombres que estaban en institutos bíblicos o seminarios, y que tomaron estudios seculares de consejería psicológica, sin darse la más mínima cuenta de que los métodos impartidos violaban los principios bíblicos. Otros fueron arrollados por los ataques seculares a su fe.

Alex fue uno de ellos. Creció en la iglesia, fue al seminario, y luego se convirtió en un pastor con un interés genuino en las personas. Pero a medida que más aconsejaba, se daba cuenta de que necesitaba más recursos. Teniendo la convicción de que podría ayudar a más personas si fuera psiquiatra. Alex renunció al pastorado de su iglesia, se matriculó en medicina en la universidad y se hizo psiquiatra.

Al terminar sus estudios de psiquiatría, Alex, para gran tristeza y confusión de sus familiares y amigos, renunció a su fe cristiana. Hoy, ya no asiste a la iglesia ni cree en Dios.

"Cualquier cosa que usted quiera creer estará bien, siempre y cuando funcione," les dice a sus clientes.

Por demasiado tiempo, nosotros, los cristianos evangélicos, hemos tenido un "complejo de inferioridad intelectual", creyendo que el mundo secular tiene un monopolio del conocimiento, del cual nosotros carecemos. Nuestro razonamiento es que, si realmente queremos encontrar aceptación en el mundo, lo mejor será que echemos mano de lo mejor que hay en el Evangelio, y lo arropemos con el intelectualismo que ofrecen las ciencias seculares.

Este complejo es antiguo. Recordemos que los hijos de Israel querían un rey, para ser "...también como todas las naciones..." (1 Samuel 8:20). "...No te han desechado a ti," dijo Dios a Samuel, "sino a mí me han desechado..." (1S 8:7). Este deseo de ellos de tener un rey, se les convirtió al final en esclavitud. Cada vez que deseamos algo que está fuera del plan y del propósito de Dios, podemos tenerlo, pero tendremos que pagar el precio de la esclavitud por obtenerlo. No se trata de que algunos profesores no cristianos no sean inteligentes; es sencillamente, que saben demasiadas cosas que constituyen una violación a las guías de Dios, y ambos no pueden ser igualmente ciertos.

Razones por las cuales la consejería secular difiere del modelo bíblico

A riesgo de parecer extremadamente simplista, quisiera mencionar el hecho de que hay tres modelos seculares básicos, que se utilizan hoy en la labor de consejería, los cuales difieren dramáticamente del modelo bíblico que he presentado. El modelo moral es el que más se le aproxima, pero aun así no propone valores absolutos. En vez de ello sostiene un concepto subjetivo de la ética que difiere de persona a persona.

	El MODELO FREUDIANO	EL MODELO MÉDICO	EL MODELO MORAL	EL MODELO BÍBLICO
RAÍZ DEL PROBLEMA	Víctima de la conciencia o del medio ambiente	Víctima de la química; la enfermedad mental (como un virus extremo)	Violador de la moralidad (normas demasiado elevadas)	Violador de la voluntad de Dios
CURACIÓN	Psicoanálisis (de 6 a 8 años)	Psicoterapia Drogas	Psicoterapia (a través de la conversación)	Confesión Arrepentimiento Restauración Restitución.

Otro enfoque sería contrastar las principales premisas de las disciplinas seculares con el modelo bíblico:

LOS MODELOS SECULARES	LA ALTERNATIVA BÍBLICA
Siguen los conceptos básicos de los fundadores de escuelas, tales como Freud, Morder, Alder, Jung y otros	Sigue los principios de las sagradas escrituras
Están centrados en el hombre o en el cliente, y por tanto Dios carece de importancia	Relaciona al hombre con Dios, y por tanto acepta las directrices bíblicas para las relaciones interpersonales.
Tienen dificultades por no tener áreas de responsabilidades claras y definidas.	El hombre es responsable y puede cambiar. Reconoce el pecado y el perdón.
No ofrecen esperanzas definitivas de que la vida será diferente.	La transformación de carácter promete la esperanza de un futuro mejor.
Muchas veces terminan en fracaso y pueden resultar en desánimo y esclavitud aún mayores	Lleva al cambio.

¿Habré sido, quizás, demasiado duro con las disciplinas seculares? No estoy insinuando que los consejeros no cristianos no tienen nada que ofrecer, pero sí estoy diciendo que los modelos filosóficos que dejan a Dios a un lado, no ofrecen soluciones que ataquen el fondo de los problemas que nos han apartado de la voluntad de Dios.

Algunas personas que siguen, básicamente, el modelo moral, han ayudado ciertamente a muchas personas, y en ocasiones, han estado muy cerca de lo que la Biblia dice en cuanto a la responsabilidad humana y a la gracia divina. Por ejemplo, el doctor Thomas Szasz, llamado a veces "el psiquiatra antipsiquiátrico", ha denunciado por muchos años la irresponsabilidad del psicoanálisis, que según él, consiste en la búsqueda interminable de algo que ponga en alguna circunstancia, o sobre alguien, la responsabilidad individual de la persona. Y en esto, él no está solo. Durante por los menos veinte años antes de su fallecimiento, en 1983, O. Hobart Mowrer, denunció las teorías psicoanalíticas de Freud, haciendo un llamado a fortalecer el poder de la conciencia y hablando de "un infierno muy real en esta tierra, infierno al cual nos llevan el pecado no expiado y los sentimientos de culpabilidad".

Más recientemente, Garth Wood, el franco crítico de la psiquiatría (quien, no olvidemos, es igualmente psiquiatra), sostiene que se le ha dado demasiada fe a la idea de que las personas padecen de una enfermedad que llamamos "neurosis", de la misma manera que sufren de paperas o de pulmonía. Él afirma que el modelo médico de la enfermedad mental (el cual dice que una persona es atacada por una enfermedad mental, de la misma manera que pesca un resfriado), tiene escasa, o nula, validez. Este psiquiatra sostiene que la neurosis es un mito. Cree que la curación se produce cuando la persona admite su culpabilidad, y la expía, haciendo algo que rectifique el daño, lo cual le proporcionará salud mental. Sin embargo, Wood aún no llega a la verdad bíblica. El profesor H. Newton Malony, del Seminario Fuller, al estudiar el libro de Wood, dice que éste "parece estar mucho menos interesado en lo que es correcto que en lo que funcione".

El contraste entre la mentalidad de la persona secular y el individuo en quien mora el Espíritu Santo, no es nada nuevo. Pablo experimentó esta lucha en Corinto, al tratar de explicar la diferencia que produce efectivamente una relación personal con Jesucristo. Casi como renunciando a la posibilidad de que él mismo pudiera entender la mente secular, dice: "Pero el hombre natural no percibe las cosas que son del Espíritu de Dios, porque para él son locura, y no las puede entender, porque se han de discernir espiritualmente" (1Cor 2:14).

¿Qué diferencia produce esta actitud cristiana, cuando tratamos de ayudar a las personas?

Aconsejando con la ayuda del Espíritu de Dios

La consejería bíblica está centrada en Dios

La mayor parte de la consejería secular está centrada en el hombre y tiene que ver con las "necesidades sentidas" de la persona. La tentación para el creyente que ha hecho estudios psiquiátricos o psicológicos en un ambiente secular, es la de mantener al individuo en el centro, y de introducir a Dios en su vida, de tal manera que Dios viene a ser sólo una especie de "vendita" o "tirita" espiritual que acude en su ayuda cuando se ha metido en dificultades.

¡Pero todo el enfoque está equivocado! Tenemos que recordar que nunca habrá suficientes piezas para completar el acertijo de los problemas de la vida, aparte de una relación con Dios. Esta es la razón por la cual Cristo vino al mundo. El plan de Dios es ponernos en armonía con su voluntad divina, y de esa manera transformar nuestra naturaleza por medio de un nuevo nacimiento.

Mientras nuestro pensamiento no esté claro en este particular, nunca podremos ver todo el panorama, y nuestra imagen de Dios será sólo un reflejo de nuestra propia naturaleza. ¡Así tendremos un Dios demasiado pequeño!

La consejería bíblica reconoce la pecaminosidad de la naturaleza humana

Esto no implica que alguien que esté luchando con un problema, está sufriendo por sus pecados, pero sí reconoce que la mayoría de los problemas que requieren consejería, son el resultado de la naturaleza pecaminosa del ser humano. Note la lista de las características de la carne, o sea la naturaleza pecaminosa del hombre, que aparecen en Gálatas 5:19-21, los mismísimos causantes de la infelicidad hoy. En la lista aparecen: "adulterio, fornicación, inmundicia, lascivia, idolatría, hechicerías, enemistades, pleitos, celos, iras, contiendas, disensiones, herejías, envidias, homicidios, borracheras, orgías, y cosas semejantes a estas".

Cuando la Biblia dice: "Por cuanto todos pecaron, y están destituidos de la gloria de Dios" y "No hay justo, ni aun uno" (Ro 3:23,10), es obvio que aun en las mejores personas se halle presente la hez básica de podredumbre que se encuentra en los peores individuos. Y, a la inversa, en las peores personas, hay aun ciertas cualidades que reflejan el hecho de que el ser humano fue hecho a la imagen de Dios.

¿Ha tenido usted alguna vez la experiencia de ir a su jardín para trabajar la tierra, y encontrar una piedra o una vieja tabla que tuvo que quitar? Al levantarla, decenas, y posiblemente centenares de sabandijas e insectos, todos amontonados, comenzaron a revolverse.

Algo parecido es lo que sale a la luz, desde los escondrijos de nuestro corazón, a causa de nuestra vieja naturaleza. Al hablar del corazón como el asiento de nuestros afectos y decisiones, el profeta Jeremías escribió: "Engañoso es el corazón más que todas las cosas, y perverso; ¿quién lo conocerá?" (Jer 17:9).

¿De qué otra manera podría usted explicar la humillación y las devastadoras consecuencias que resultaron de las malas decisiones que algunos cristianos tomaron; decisiones que dieron como fruto acciones totalmente inusitadas en la vida que llevaron siempre? Hasta el último día de su vida, lamentarán las decisiones que dieron expresión a sus sórdidos pensamientos interiores. Reconociendo que ninguno de nosotros es inmune a lo mismo, Pablo advirtió: "Así que, el que piensa estar firme, mire que no caiga" (1Cor 10:12).

La naturaleza de este libro no es teológica, y por ello no intentaré dar un tratamiento exhaustivo al tema del pecado, pero en relación con este estudio, es necesario señalar que Isaías 53:6 es una descripción clara de lo que hace el pecado en nuestra relación con la voluntad de Dios: nos extravía de la senda correcta, y lo que resulta al final es la infelicidad.

La consejería bíblica reconoce que toda persona, no importa quien sea, peca tanto por las inclinaciones de su vieja naturaleza, como por causa de sus propias decisiones. De manera que nadie puede decir. "¡Yo no soy responsable; no pude evitarlo!" Pecamos por naturaleza y por decisión propia, y el resultado final son los problemas que crean situaciones que no podemos manejar sin la ayuda exterior.

Aunque el pecado es un problema espiritual, se ven afectadas la naturaleza emocional de nuestra vida, nuestras relaciones interpersonales y la manera como nos sentimos con respecto a nosotros mismos. Todo ello es parte de nuestra imagen y salud mental.

El desánimo y la desesperación son las características de las personas mentalmente enfermas, quienes han luchado con sus problemas mes tras mes, y en algunos casos, durante años. Decir a estas personas que su conducta es perfectamente normal y que deben sencillamente aprender a aceptarla, es condenarlas a una vida de desesperación permanente.

Suponga que usted ha ido al dentista con un dolor de muelas, y que éste, después de observar la encía inflamada, le dice: "Ah, esta muela no se ve muy bien, pero, amigo, no hay razón para preocuparse. Todos están preocupados aquí por esta clase de problema. Pero la gran solución es aceptarlo y comprenderlo." Si alguien le dijera esto, ¡se buscaría otro dentista, y lo más rápidamente posible!

Decirle a alguien: "¡Mire, su problema es el pecado! ¡Pero el problema tiene remedio!", no es ni cruel ni devastador. Diagnostica la enfermedad y le ofrece una solución.

Observe lo diferentes que pueden ser las soluciones a los problemas de las personas:

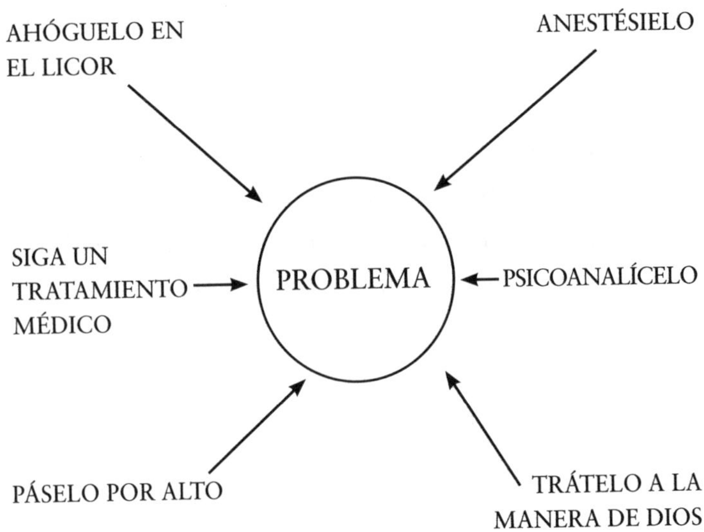

El aconsejar en la carne, convierte al pecado en una "enfermedad" que se puede tratar clínicamente, con la cual se puede vivir toda la vida; o algo que puede ser extirpado. Su papel como consejero-amigo no es el de un cirujano (extirpar el problema), sino más bien el de alguien que sostiene una linterna encendida para que la persona pueda ver el problema por sí misma, y luego permitirle al Espíritu de Dios efectuar la cirugía.

Mi hijo Esteban y yo nos fuimos una vez a las sierras para disfrutar del magnífico paisaje y para huir de la civilización. Mientras pescábamos en uno de los altos lagos, Esteban, por alguna razón, al lanzar el anzuelo, se lo introdujo profundamente en la mano. Sin perder la calma, se dirigió hacia mí y me dijo, "Papá, tengo un problema". "¿Qué ocurre?", le pregunté. Entonces me mostró lo que había ocurrido. Regresamos al campamento y consideramos las alternativas que teníamos. La primera de ellas era suspender la actividad, descender y buscar un médico que realizara la operación adecuada para extraerle el anzuelo.

No muy contentos con la idea de tener que cancelar el resto del programa, comenzamos a buscar otras opciones.

"¿Qué tenemos que pudiera ayudarnos a extraer el anzuelo?", me pregunté. Cuando había agotado mi arsenal de ideas, Esteban me preguntó, "Papá, ¿tienes una hoja de afeitar nueva y afilada en tu equipaje?".

Sí, tenía una y la esterilicé. Luego, con mano firme, Esteban calmadamente se aplicó a sí mismo una cirugía menor ¡y se extrajo ese indeseable anzuelo de la mano! La suya había sido la solución correcta.

La tarea de usted como consejero bíblico no es decir: "¡Eso que usted hizo fue una tontería!" (¿a quién, en su sano juicio, se le ocurriría introducirse un anzuelo en la mano, a tantos kilómetros de distancia de la civilización?), sino ayudarle a buscar la solución.

Al tratar con problemas que han apartado a las personas de la voluntad de Dios, no hay que censurarlas ni condenarlas, sino ayudarlas a identificar el problema y corregirlo, observando la pauta que sigue.

La consejería bíblica sigue los principios de la Biblia, la Palabra de Dios

Muchas de las situaciones que llevan a las personas a buscar orientación en las demás, son situaciones que sólo necesitan de decisiones de una u otra naturaleza. Vivimos en un mundo de estrés, y a veces necesitamos que alguien nos diga: "Mira, vas bien. Sigue adelante", reforzando así lo que creemos que es la voluntad de Dios para nuestra vida.

Hay veces que asumimos carga y obligaciones de trabajo que exceden a nuestras capacidades. De vez en cuando ilustro esta verdad señalando el podio o la mesa que contiene las notas que escribo para las conferencias, y digo, "¿Cuántos de ustedes piensan que puedo pararme sobre la mesa?".

Los que todavía no se han dormido con mi charla, levantan la mano.

Seguidamente pregunto, "Y si me paro sobre la mesa, con dos personas más, ¿cuántos de ustedes creen que nos aguantará?".

Obviamente, la tensión (el estrés) aumentará en proporción directa al peso puesto sobre la mesa, y en algún momento se vendrá abajo.

Otra ilustración que utilizo con frecuencia es la del pez nadando en el estanque. Cuando llega el pescador y coge un pez, al halar la cuerda, el pez comienza a nadar erráticamente, saltando de un lado para otro en el agua, al mismo tiempo que el pescador ejerce presión. Otro pez nadando en el mismo estanque pensaría: De verdad que parece estar loco. Miren todas esas volteretas que el hermano pez está haciendo.

Cuanta más presión recibimos, mayor es nuestra necesidad de que alguien nos libere de la presión que causa nuestra conducta errática.

Esa es la razón por la cual usted se convierte en alguien importante como consejero.

El doctor Karl Menninger acostumbraba ilustrar la cordura y la locura como los dos extremos opuestos de una cuerda que formaban una continuidad de eventos o situaciones, tal como lo siguiente:

CORDURA	LOCURA
CAPACIDAD PARA FUNCIONAR	INCAPACIDAD PARA FUNCIONAR

Menninger sostenía que todos nos movemos hacia atrás y hacia delante en este continuo. Algunos días nos sentimos completamente en control de la situación; otros días, nos sentimos controlados y presionados por nuestro itinerario, a merced de nuestras emociones, y esto no nos agrada. De manera que cuando llegamos al punto de no poder ser ya capaces de funcionar, necesitamos ayuda.

La Biblia nos ofrece sabio consejo cuando se trata de enfrentar los problemas de la vida. Estoy convencido de que una de las mayores necesidades de las personas hoy, es comprender de lo que dice la Biblia, acerca de cómo manejar los problemas que provocan lo que conocemos como la enfermedad mental.

Pocas personas de las que llenan los bancos de las iglesias hoy comprenden lo que significa realmente haber sido perdonadas, haber sido adoptadas como hijos de Dios, y por ende pertenecer a la familia de Dios. Por no haber sido nunca confrontadas con la soberanía de Dios, se preocupan sobremanera por la multitud de problemas que acaban por paralizarlas. Y al no comprender la voluntad de Dios, luchan a menudo contra Él, tratando inútilmente, de arreglar sus asuntos de una manera que no va en beneficio personal.

Son numerosos los recursos que encontramos en la Biblia para responder a nuestras necesidades personales (consulte los capítulos 7, 8 y 9 de este libro para ver los pasajes específicos que tienen que ver con problemas tales como la ansiedad y el temor). Por ello, cuanto mayor sea nuestro conocimiento del plan de Dios para nuestra vida, menor será la necesidad de recibir consejería personal.

Uno de los mayores servicios que puede brindar un pastor en favor de la salud mental de su iglesia, no es necesariamente pasar muchas horas aconsejando (lo cual es importante), sino más bien enseñar y proclamar con fidelidad la Palabra de Dios. Al hacerlo, descubrirá que la mayoría de las personas que necesitaban consejería serán de fuera de la iglesia. No serán las personas que asisten a los cultos, domingo tras domingo.

Si usted participa en algún grupo de estudio de la Biblia, ya sea como maestro, o como moderador de las discusiones, o aun siendo quien coloca las sillas para la reunión, está en la línea de vanguardia ayudando a construir vidas sólidas y contribuyendo a su salud mental. ¡Usted está haciendo terapia preventiva!

La consejería bíblica produce liberación, no mayor esclavitud

No hay frustración mayor que la experimentada por la persona que ha ido de psiquiatra en psiquiatra, esperando recibir ayuda, pero siempre escuchando que nada pueden hacer. No ofrece ninguna esperanza de una vida diferente, el simplemente decir que el problema de una persona es una "enfermedad" que sólo se puede tratar con medicinas, o que a lo sumo se puede mantener controlada no más.

Tal era la desesperada situación de Guillermo, quien había estado bajo el cuidado de un psiquiatra durante diecinueve años. "¿Quién le habló de mí?", le pregunté cuando me llamó por teléfono para pedir una cita.

Un amigo le había dicho que yo podría ayudarlo, y al sentarme aquella primera tarde y escucharlo a él y a su esposa expresar con toda sinceridad sus problemas, sentí que la mayor necesidad que tenían aquellas vidas era una relación personal con Jesucristo. Aunque raras veces hablo del plan de salvación en la primera visita, les abrí mi Biblia y les expliqué cuán grande había sido el amor de Dios para con nosotros al enviarnos a su Hijo para ser nuestro Salvador, y que cuando lo recibimos como Señor yAmo, somos transformados en nuevas personas en Cristo Jesús.

Cuando Guillermo regresó la siguiente semana, me informó que nunca había estado tan feliz como en esa semana que acababa de terminar. Parte de su dificultad era un problema no resuelto de sentimientos de culpa, que nunca había podido calmar totalmente. Comencé a trabajar con Guillermo aplicando principios bíblicos a las necesidades de su vida.

El siguiente paso fue referir a Guillermo, a un médico quien comenzó a reducirle la dosis diaria de tranquilizantes, y a supervisar un programa de ejercicios físicos. Recuerdo, cuando me vi con

Guillermo para una caminata matutina esa primera semana, con cuánta dificultad avanzaba, de manera que apenas podía mover un pie después del otro. Pero conforme la disminución de los tranquilizantes le permitió el desarrollo de la energía natural de su cuerpo, fue sólo cuestión de semanas hasta que quedó libre de todas las medicinas que tomaba, y se convirtió en un hombre nuevo, con un matrimonio renovado.

"Porque el ocuparse de la carne es muerte, pero el ocuparse del Espíritu es vida y paz" (Ro 8:6). Los principios divinos de verdad funcionan.

PARTE 2
Ayudando con problemas específicos

CAPÍTULO 7
CÓMO UTILIZAR LA BIBLIA EN LA CONSEJERÍA DE PROBLEMAS INTERPERSONALES

Los siguientes tres capítulos le ayudarán a usted a utilizar adecuadamente la Biblia, al tratar problemas que tienen que ver con relaciones interpersonales, problemas de tipo emocional y problemas relacionados con conductas de dependencia. No pretendo que sean estudios a profundidad, sino más bien pautas para aplicarse en un amplio espectro de situaciones.

Muchos de los problemas que harán que las personas acudan a usted en busca de consejo, son el resultado de haber errado en cuanto al plan de Dios. Una persona que viaja desde San Francisco a Nueva York puede haber atravesado muy bien las autopistas por más de tres mil kilómetros (como la persona con veinticinco años de matrimonio feliz). Sin embargo, si dobla mal en Chicago (quizás engañando a su esposa), puede al final terminar en Toronto (con un hogar destruido). Si alguien se ha extraviado del camino, si ha tomado una mala decisión, o si a veces ha caído en pecado, necesita reajustar su senda y tomar una nueva dirección.

Todo lo que ocurre dentro de las paredes de un hogar afecta a todos los miembros de la familia, pues una familia es un patrón intrincado de relaciones. De esto puede deducirse que gran parte de la consejería trata de relaciones interpersonales, especialmente de las relaciones con los que forman parte de nuestra familia. En una familia de cuatro personas, hay por lo menos dieciséis relaciones distintas: la relación de cada una de las personas con las otras tres y también la relación individual (cómo nos sentimos con nosotros mismos), todo lo cual afecta nuestra salud emocional y nuestra felicidad. No es de extrañarse, entonces, que la vida en familia sea algo complejo.

Las enfermedades, los reveses profesionales, los problemas económicos, el nacimiento o la muerte de un hijo, y hasta el paso del tiempo que deja sus huellas en nuestro aspecto físico, forman parte de este tapiz de relaciones. Éstas, por lo general, no tienen nada que ver con el fracaso personal, ni tampoco son el resultado del pecado en la vida de una persona, sin embargo, son asuntos que muchas veces requieren de consejería y de ayuda para ser enfrentados.

Lo que he descubierto como resultado de leer las cartas de miles de hombres y mujeres que escuchan nuestro programa Guidelines (orientación) de radio y de televisión, y que nos escriben buscando ayuda personal, es que nunca debemos suponer que las personas que creen en Cristo, y hasta participan de manera activa en su iglesia, tienen realmente un conocimiento muy profundo de la Biblia.

Traducido al ambiente de consejería en la atmósfera informal de la que hemos estado hablando, esto significa que usted no puede dar nada por sentado. Tiene que utilizar la Palabra de Dios, mostrándole a las personas cuál es la perspectiva de Dios y lo diferente que es ésta a la nuestra. Sin embargo, la aplicación de la palabra de Dios es algo muy positivo que proporciona esperanza en un mundo deshecho. Aleja la desesperación de quien no le ve salida a su situación, y le permite a la persona desesperada ver la luz al final del oscuro túnel.

A veces las personas a las cuales ayudará, habrán crecido en hogares donde había un claro conocimiento de lo que es bueno y lo que es malo. Puede que no hagan siempre lo correcto, pero al menos lo sabrán. Sin embargo, un número cada vez mayor de personas, habrán sido criadas por padres permisivos y tendrán ideas muy borrosas en cuanto a lo bueno y a lo malo.

Nuestros modelos a imitar y nuestros héroes hoy son, la mayoría de las veces, individuos cuya integridad está manchada. Parece que se les admira más por lo que hacen o por su habilidad para salir bien de las situaciones, que por lo que son. "La integridad", dice Ted Engstrom en su libro de igual nombre, "dicho en forma sencilla... es hacer lo que uno prometió hacer." Cuando se trata del matrimonio, abarca el compromiso monógamo. En la familia, la integridad comprende también la lealtad y la confianza. Y en la amistad, el apoyo y la aceptación.

Cuando una persona no cumple lo prometido, o lo que la otra persona piensa que prometió, el resultado es el conflicto y la ruptura de las relaciones.

En el capítulo 4 de este libro, decía que uno de los objetivos de la consejería es lograr que la persona a la cual usted está ayudando, se vea como realmente es. Otro objetivo es ayudar a la persona a ver la situación desde el punto de vista de su pareja (o el punto de vista de la persona con la cual está en conflicto). Un tercer objetivo, el más importante de todos, es que la persona ve a ela sunto desde la perspectiva de Dios, lo cual da luego pie al inicio de cambios que den como resultado el perdón y la restauración de las relaciones rotas.

Es de vital importancia la manera como usted utilice la palabra de Dios en esto. A veces, las relaciones rotas son el resultado de promesas no cumplidas. A veces son también el resultado de decisiones equivocadas que dañan las relaciones, y, otras veces, son el resultado de malentendidos o de diferentes puntos de vista, los cuales hay que reconciliar mediante una mejor comunicación y comprensión.

En este libro, no he discutido en extensión la importancia de la buena comunicación, pero es vital para lograr la superación de las relaciones rotas. Cada vez que una persona expresa algo se dan tres componentes:

1. Lo que usted dijo (el significado literal de la declaración).
2. Lo que usted quiso decir (lo cual quizás no sea lo que realmente dijo), y
3. Lo que dan a entender sus palabras (lo cual tal vez no dijera en absoluto).

Cuando vivíamos en Manila, Filipinas, llevé a mi hijo de doce años al parque de aves exóticas para tomar fotografías de estas especies tan poco comunes. Ambos estábamos fotografiando las aves, cuando un pavo real comenzó a mostrar su vistoso plumaje. Agarré la cámara para sacarle una fotografía, al tiempo que decía, "¡Tómale una!", queriendo decir con ello: "¡Tómale una foto al animal!"

Pero Esteban inmediatamente se abalanzó sobre las plumas de la cola del pavo real, tratando de sacarle una. "¡No, Esteban!", le grité. "Eso no es lo que quise decir." "Pero papá, dijiste: Tómale una." "Sí, pero lo que quise decir fue: ¡Tómale una foto!". Así fue como se tradujo la situación:

1. Yo dije: "Tómale una."
2. Quise decir: "Tómale una fotografía"
3. Lo que comuniqué fue: "Tómale una pluma de la cola"

¡La comunicación no funcionó!

Jesús dijo: "Así que, todas las cosas que queráis que los hombres hagan con vosotros, así también haced vosotros con ellos..." (Mt 7.12). Esto exige mantener una viva conciencia en cuanto a cómo afectan nuestras acciones a las demás personas. Cuando se aconseja en situaciones de conflicto hay que tener en cuenta esto.

Juan estaba haciendo un viaje de negocios, y mientras se encontraba en esto, María pasó varias horas en el teléfono hablando con agentes de viajes, empleados de reservación de líneas aéreas, esperando, tomando notas, y tratando de lograr lo más adecuado para sus vacaciones de verano.

Deseando tenerlo todo bien discutido con su marido antes de pedir los pasajes no reembolsables, ni sujetos a cambios, María llamó a la oficina de su esposo y le dejó el mensaje de que la llamara después de la cena. Pero Juan nunca recibió el mensaje.

Una secretaria descuidada finalmente lo recordó la mañana siguiente e interrumpió una reunión de negocios con el mensaje de que Juan llamara a su casa inmediatamente.

Juan lo hizo, y se enojó y actuó con brusquedad por haber sido sacado de una reunión para enterarse acerca de los planes de las vacaciones del verano siguiente. Y María, quién no tenía ninguna intención de interrumpir su reunión de negocios, sintió que su esposo se había molestado con ella sin ninguna razón. Y además le disgustó que él le diera tan poca importancia a todo el esfuerzo que había hecho planificando las vacaciones.

Juan no sabía que María había llamado el día anterior, y María no sabía que Juan había sido sacado de su reunión de negocios. Al reconstruir la situación real, ambos se dieron cuenta de que se habían estado acusando por algo con lo cual ninguno de los dos tenía nada que ver.

La buena comunicación y la comprensión mutua los ayudó a resolver el problema.

Un esquema bíblico de consejería

Los puntos siguientes son asuntos que usted, como consejero, debe decidir firmemente en su pensamiento antes de siquiera comenzar a ayudar a otros con sus problemas.

Dios es un Dios bueno.
Por lo tanto, lo que Él nos dice en su Palabra
es su plan para nuestra vida

Esto, por supuesto, niega la imagen que el mundo tiene de Dios de tirano, o de policía cósmico, pendiente de castigarnos cuando nos portamos mal. O la de Gran Exigente, cuyo libro negro (la Biblia) fue diseñado para convertirnos en unos desdichados, el cual es absolutamente impracticable y anticuado en el mundo de hoy.

Otra versión de esto es que la Biblia puede ser buena, pero es sólo una guía elevadísima o algo hacia lo cual apuntar, un "sueño imposible" de los viejos con largas barbas canosas, quienes la escribieron hace mucho tiempo.

Cuando usted aconseja dentro de una perspectiva bíblica, utiliza la Biblia para iluminar, guiar y estimular, así como también para reprobar y censurar (cuando se hace necesario).

Sanar las relaciones rotas en vez de disolverlas, es trabajar en armonía con el plan de Dios

Dios no podría ser un Dios bueno estando consciente de que habrá conflictos en las relaciones... a menos que nos haya dado un medio de resolver esos conflictos.

Los conflictos que destruyen las relaciones hoy no son nuevos. La infidelidad, la mala comunicación que da como resultado la hostilidad y la ira, el sexo prematrimonial, los celos, la falta de honradez y la mentira, todos son conflictos que están presentes en la vida de aquellos cuya historia aparece narrada en la Biblia.

Quienes piensen que no debieran existir conflictos en nuestras relaciones, son tan poco realistas como aquellos que esperan que todas las esposas cristianas sean una combinación de buena cocinera, filántropas y modelo de belleza, y esperan que todo hombre sea una combinación de Jesucristo y Supermán.

Cuando dos personas se unen en matrimonio, son "una sola carne", en las propias palabras de la Biblia, pero su unión matrimonial no significa ni por un momento la unión de sus emociones o personalidades. Toda persona es un colaje de costumbres, emociones, tradiciones familiares, idiosincrasias y personalidades; también está presente el bagaje de la herencia que nos une a nuestros antepasados. "Volverse uno" es tejer todos estos diferentes ingredientes en el tapiz de una nueva relación, formando la estructura de una nueva familia.

No están ausentes los elementos de lucha que afectan las relaciones; ayudar a resolver estos conflictos forma parte del ministerio sanador de Cristo.

Ciertos conflictos no son el resultado del fracaso personal sino el resultado de vivir en un mundo en ruinas

Hoy existe la siguiente creencia muy popular: "Si lo que me sucede es bueno, es obvio que Dios me está bendiciendo; y si es malo, es el juicio de Dios o el diablo me lo hizo."

"¿Por qué nació mi bebita con cinco agujeros en el corazón? ¿Es que Dios la está castigando a ella por lo que hice yo?". Esas fueron las preguntas que se hizo una joven madre a quien yo acababa de conocer. Antes de que yo pudiera decir algo, Susana comenzó a descargar las emociones reprimidas de su corazón. Había crecido en un hogar donde sus padres eran sumamente estrictos. Cuando se convirtió en adolescente se rebeló y pasó las mocedades en desafío a las severas admoniciones de sus padres: "¡Dios te castigará por lo que estás haciendo!".

Luego, un día poco después de casarse, caminaba por la calle cuando escuchó cierta música que se oía por las ventanas abiertas de una iglesia. Se detuvo a escuchar, y finalmente entró. Ese día Susana rindió su corazón al Señor y se convirtió en cristiana.

No obstante, aquellas palabras siguieron martillando su conciencia: "¡Dios te castigará por lo que has hecho!".

Una serie de calamidades vinieron sobre la joven pareja, ninguna de las cuales se debió al juicio de Dios, ni eran tampoco resultado de ataques satánicos. Una inundación destruyó su apartamento y perdieron los regalos de bodas que sus amigos les habían obsequiado. Su primer hijo les nació muerto, y ahora otro bebé les había nacido con cinco agujeros en el corazón y no se esperaba que viviera más de dos años. Siendo éste mundo imperfecto, ello significa que estamos confrontados con ruinas por las cuales, a veces, no tenemos ninguna responsabilidad directa.

La pregunta se hará: "¿Por qué dejó Dios que esto me ocurriera a mí?" Y usted tendrá que responder: "Dios no lo abandonó a usted; fue su marido (o su esposa) quien lo abandonó."

A veces, es inútil aun buscar una respuesta, pero la persona dice algo acerca de su creencia en Dios por las preguntas que le hace a Dios. Usted puede volverse loco tratando de dar una respuesta adecuada a ciertas situaciones. Por ello, es mucho mejor ayudar a la persona que sufre a tomar conciencia de que Dios no la abandonará, sino que suplirá sus necesidades más profundas.

Considere, por ejemplo, el caso de la mujer cuyo marido se vio obligado a aceptar un empleo en el extranjero. Ella sospecha que él le está siendo infiel, pero desesperadamente necesita del dinero que él le provee para el cuidado de sus siete hijos. O considere los aprietos económicos de una viuda anciana cuyo sostén proviene de un hijo agobiado por una enfermedad incurable; o el de un esposo que lucha con sus sentimientos de culpa por haberles permitido a los médicos realizar cierta operación quirúrgica a su esposa, que dio como resultado la muerte. ¿Y qué decir de la esposa que ha perdonado a su esposo por sus relaciones con otra mujer, pero, sin embargo, tiene que vérselas con menos dinero porque él también debe sostener al niño que nació como resultado de su infidelidad?

El aprender a vivir con situaciones que no podemos alterar es parte del proceso de curación, y algunas situaciones, como resultado de vivir en un mundo caído, no pueden resolverse. Pero sentir ira o amargura hacía otra persona, o aun hacia Dios, es parte de lo que destruye la vida. Por medio de la consejería usted ayuda a sus amigos a perdonar a aquellos que los han herido y a comprender que no fue Dios quien los dejó solos. Usted ayuda a su amigo a ver a Dios como una fortaleza en tiempos de dificultad (Nah 1:7), y como lugar de refugio en tiempos de angustias (Sal 32:7; 61:2). Al hacerlo así, aprendemos a sobrellevar lo que no puede cambiarse.

Dios prometió estar con nosotros en tiempos de dificultad, no a eximirnos de ellos

Cuando una pareja confronta algún problema, puede suceder una de dos cosas: el problema los acercará más al Señor y el uno al otro, o les causará división y amargura.

Isaías 43:2-3: "Cuando pases por las aguas, yo estaré contigo; y si por los ríos, no te anegarán. Cuando pases por el fuego, no te quemarás, ni llama arderá en ti. Porque yo Jehová, Dios tuyo, el Santo de Israel, soy tu Salvador. . ."

Nahúm 1:7: "Jehová es bueno, fortaleza en el día de la angustia; y conoce a los que en Él confían."

Romanos 8:28: "Y sabemos que a los que aman a Dios, todas las cosas les ayudan a bien, esto es, a los que conforme a su propósito son llamados."

Cuando Susana hizo la pregunta acerca de su bebita que luchaba por la vida en un hospital, yo sabía que una respuesta trivial jamás la satisfaría. Salimos al pasillo y conversamos. Las lágrimas se deslizaban por sus mejillas mientras la escuchaba. Comprendiendo que yo necesitaba escuchar toda la historia (Proverbios 18:13 dice: "Al que responde palabra antes de oír, le es fatuidad y oprobio"), convine en tener con ella una serie de sesiones de consejería.

Susana al final comprendió que los problemas de su bebita, no eran un castigo de Dios por sus pecados, que ahora recaían sobre una criatura inocente; ni era tampoco el diablo que en particular la había escogido para infligirle su crueldad. Ella también tuvo que lograr una nueva comprensión de lo que es Dios.

La cuestión del perdón

En el proceso de ayudar a Susana, tuve que ayudarla a aprender a buscar y a encontrar el perdón de Dios. También tuve que ayudarla a saber por qué necesitaba perdonar a sus padres por el sufrimiento que había vivido a causa de la actitud de ellos. Finalmente, tuvo que aprender a perdonarse a sí misma también por lo que hizo en sus años de adolescencia antes de convertirse a Cristo.

Consideremos estas tres importantes cuestiones.

¿Qué significa el perdón de Dios y por qué hay que buscarlo?

Casi siempre que hay una relación rota con otra persona, se ve afectada la relación del individuo con Dios. Las palabras duras producen amargura y la ira genera pecado. Al tratar con las necesidades de las personas, se produce una gran sanidad cuando se reconoce, se confiesa y se abandona ese pecado.

Cuando la persona ora con usted, comienza a desahogar sus emociones y esto le produce una gran catarsis. Las lágrimas toman el lugar de la ira, y el quebrantamiento que se produce contribuye a restaurar las relaciones fracturadas. Conseguir el perdón de Dios es parte de la tercera fase, la fase de restauración.

Versículos clave

1 Juan 1:9: "Si confesamos nuestros pecados, Él es fiel y justo para perdonar nuestros pecados, y limpiarnos de toda maldad."

Salmo 103:12,13: "Cuanto está lejos el oriente del occidente, hizo alejar de nosotros nuestras rebeliones. Como el padre se compadece de los hijos, se compadece Jehová de los que le temen."

Isaías 43:25: "Yo, yo soy el que borro tus rebeliones por amor a mí mismo, y no me acordaré de tus pecados."

Miqueas 7:19: "Él volverá a tener misericordia de todos nosotros; sepultará nuestras iniquidades, y echará en lo profundo del mar todos nuestros pecados."

Cuando una persona le produce sufrimiento a otra, especialmente cuando se trata de niños, muchas veces siente que está fuera del alcance del perdón de Dios.

Ideas

Usted podría mencionarle que Moisés asesinó a un hombre antes de que Dios lo llamara a su servicio (Éx 2:11-13). Rahab, la prostituta que se hizo amiga de los espías enviados por Josué para investigar la tierra de Palestina, fue injertada en el linaje de Cristo (Mt 1:5). David, quien fue conocido como un hombre según el corazón de Dios, fue un adúltero y participó en un asesinato (2S 11). Hasta el apóstol Pablo tuvo un pasado manchado antes de su conversión, ya que fue responsable de la muerte y la persecución de muchos cristianos. Dios perdonó a todas estas personas y transformó su vida, de la misma manera que perdonará al amigo que está aconsejando; nadie está fuera del perdón de Dios y de la sanidad para su corazón y vida.

En ayudar a las personas a entender esto, muchas veces les cito Salmos 103:12, el cual dice que nuestros pecados han quedado tan lejos como el oriente del occidente, y luego les pregunto: "¿A qué distancia está el oriente del occidente?". Después de meditarlo por un minuto, por lo general responden que el oriente y el occidente jamás se tocan. Si el Salmista hubiera dicho "el norte del sur" (el polo norte y el polo sur están separados por aproximadamente 20000 kilómetros) nuestros pecados habrían estado a una distancia que podría medirse.

También, Isaías 44:22 menciona que nuestros pecados están deshechos como algo que Dios jamás recordará contra nosotros.

"¿Eso quiere decir que nunca tendré que dar cuentas por el aborto que tuve una vez?", me preguntó una joven cuando le mostraba este versículo en la Biblia. "¡Jamás!", le respondí.

El perdón de Dios, como resultado del derramamiento de la sangre de Cristo y de su muerte en lugar nuestro, significa que somos exonerados de culpa, incorporados a la familia de Dios y hechos beneficiarios de la vida eterna (Jn 6:47). Y ya que Dios nos ha perdonado, debemos dar el siguiente paso.

El perdón mutuo

Cuando las relaciones están rotas, eso significa que también hay personas afectadas, pero a través del perdón mutuo logramos la gracia de Dios que sana y restaura.

Como el bisturí en manos del cirujano, que puede producir curación o daño, la confrontación puede tener efectos positivos o negativos en una relación frágil. Puede ser una fuerza curativa positiva si tiene presente lo siguiente:

Seleccione el momento, el lugar y la forma de confrontación

Esto le dará tiempo a usted para liberar su enojo y orar por el encuentro con la otra persona. También le dará tiempo para pensar en todo lo que querrá decir o callar. Hay ocasiones en las que es necesario tener bajo control las emociones antes de tratar algún asunto. Está perfectamente bien decir, por ejemplo: "Juan, me gustaría hablar contigo acerca de... después de la cena esta noche. Esto me dará tiempo para controlar mis sentimientos, para decir lo que pienso, sin tener que expresar algo inconveniente".

Concéntrese en el asunto y no ataque a la persona con la cual tiene una mala relación

El decir: "¡Tu hermano no es sino un vago!", de seguro provocará una bronca. Después de todo, su esposa ha vivido muchos años con su hermano (quien vino de visita y se ha quedado tres meses, comiendo su comida y bebiendo sus refrescos), antes de convertirse en su esposa. Pero si en vez de ello, le dice: "¿Qué podríamos hacer para ayudarle a tu hermano a conseguir un trabajo?", eso concentrará el problema en el desempleo y no en sus hábitos personales.

Exprese sus sentimientos de forma no agresiva

Si usted dice: "Me parece que...", será mejor que decir: "Tú... (hiciste tal y cual cosa)." Cuando usted dice: "Tengo un problema y necesito tu ayuda", la persona a la cual usted está confrontando deja de estar a la defensiva para convertirse en parte de la solución.

Aprenda a negociar

Es una cuestión de mutuo acuerdo. La vida es un asunto de dar y recibir (no de "yo doy y tú recibes"); por ello, las actitudes inflexibles y violentas no resuelven los conflictos. La persona que actúa así podrá ganar la batalla, pero perderá la guerra.

El perdón significa que usted renuncia a su derecho de herir a la persona de quien usted ha recibido algún daño; significa que usted le reconoce a alguien el derecho de estar equivocado porque Dios ya lo ha hecho antes con usted.

Susana no había sido injusta con sus padres. En realidad, fue la inflexible disciplina y la inadecuada comprensión de éstos en cuanto a cómo Dios nos trata (¡Dios te castigará cada vez que te portes mal!"), lo que la traumatizó emocionalmente. Sin embargo, su actitud hacía ellos no era correcta. Finalmente, comprendió que su reacción al daño que le habían hecho sus padres era tan censurable, aunque de manera diferente, como la injusticia cometida contra ella.

Versículos clave

Mateo 6:14,15: "Porque si perdonáis a los hombres sus ofensas, os perdonará también a vosotros vuestro Padre celestial; más si no perdonáis a los hombres sus ofensas, tampoco vuestro Padre os perdonará vuestras ofensas."

Lucas 17:3: "Mirad por vosotros mismos. Si tu hermano pecare contra tí, repréndele, y si se arrepintiere, perdónale."

Efesios 4:32: "Antes sed benignos unos con otros, misericordiosos, perdonándoos unos a otros, como Dios también os perdonó a vosotros en Cristo."

Mateo 18:15: "Por tanto, si tu hermano peca contra tí, ve y repréndele estando tú y él solos; si te oyere, has ganado a tu hermano."

Ideas

La mayoría de nosotros trata de evitar la confrontación necesaria, evitando ir a la otra persona y decirle: "Lo siento, perdóname." Sin embargo, Jesús dijo que eso es precisamente lo que tenemos que hacer, y su parte como consejero-amigo es dar apoyo y estímulo para que la persona haga esto.

Perdónese a sí mismo

Muchas veces resulta más fácil buscar y encontrar el perdón de Dios que perdonarnos a nosotros mismos por lo que hemos hecho, especialmente cuando sentimos que nuestras faltas han repercutido en nuestros hijos. En algunos casos nuestros errores han afectado realmente a nuestros hijos, por no decir nada en cuanto al daño que le hemos causado a nuestra pareja. Pero cuando nos hemos arrepentido verdaderamente; cuando hemos encontrado el perdón de Dios; y cuando hemos buscado y obtenido el perdón de quien hemos herido, no tenemos más alternativa que perdonarnos a nosotros mismos también.

Hacerle ver esto a Susana significó un período de varias semanas. Dos pasajes bíblicos le fueron de ayuda: Romanos 8:14-17 y Gálatas 4:4-6. Ambos se refieren a que Dios nos dio su Espíritu Santo al convertirnos y adoptarnos como miembros de su familia. La palabra utilizada en el Nuevo Testamento para "adopción" es una palabra legal que significa literalmente "la colocación de un hijo".

Lo que se observa en la adopción humana ilustra esta gran verdad. Un bebé, rechazado por uno o ambos padres al nacer, o que queda huérfano debido a circunstancias que nadie pudo evitar, es aceptado y amado por la persona que lo adopta.

En los tiempos bíblicos, cuando una persona era adoptada por alguien, iba ante un juez y se efectuaba un procedimiento legal. El adoptado recibía un nuevo nombre y una nueva familia, y el pasado quedaba totalmente borrado, hasta tal punto que, si la persona había cometido algún delito, ya no era responsable del mismo. La antigua persona dejaba de existir ante los ojos de la ley, y una nueva comenzaba a existir.

Cuando se restauran las relaciones rotas, las emociones resultan también sanadas, lo cual nos lleva a pensar el el siguiente punto importante: utilizar la Biblia para ayudar a las personas con problemas emocionales.

Pero hay algo más en cuanto al bebé de Susana que a usted seguramente le gustará saber: esa bebita que, al nacer, tenía cinco agujeros en el corazón, no murió a la edad de dos años como lo habían pronosticado los médicos. Milagrosamente los agujeros se unieron por sí solos, algo que los médicos no alcanzaron a comprender, pero sucedió. Susana y yo sabemos por qué. Al aconsejarla, oré así al Señor: "Oh, Señor, permítele a esta niña vivir a fin de que esta madre entienda que, cuando tú nos perdonas, haces borrón y cuenta nueva, como si nunca antes hubiéramos pecado. Ayúdala a comprender que tú no castigas a nuestros hijos por los pecados que nos has perdonado."

Cuando tuve mi último contacto con Susana, aquel bebé ya se había convertido en una adolescente muy normal.

CAPÍTULO 8
CÓMO UTILIZAR LA BIBLIA AL ACONSEJAR EN CASOS DE PROBLEMAS EMOCIONALES

La falta de tiempo y espacio no me permiten ocuparme a profundidad del tema de cómo ayudar a las personas que están luchando con diferentes problemas emocionales. Por ello, aplicaremos principios bíblicos a sólo cuatro de las principales emociones relacionadas con muchos de los problemas que llevan a las personas a venir a usted como consejero-amigo. Estas emociones son: la ira, el temor, la ansiedad y la depresión.

Las emociones son para la vida lo que los pigmentos son para la pintura: le comunican a la vida luminosidad y hermosura, o la vuelven sombría y monótona. En efecto, la vida sería algo mecánico y falto de vitalidad a no ser por las emociones. Pero cuando estas emociones resultan dañadas, de la misma manera que un río que se desborda crea destrucción, algo hermoso se convierte en feo. Cuando una persona es vencida por sus emociones, sus familiares, sus amigos y sus conocidos sufren también. Pero mucho más doloroso que el sufrimiento que la persona les causa a los demás, es el conflicto y la tensión interna que la persona debe enfrentar, la mayoría de las veces sola e incomprendida.

Hay una cuestión, sin embargo, que hay que confrontar al empezar este capítulo, y es la siguiente: ¿Quiere Dios, realmente, que sus hijos sufran emocionalmente? ¿Le complace a Dios que seamos arrollados por las preocupaciones y el temor? ¿Le agrada a Dios que dos personas, que en otro tiempo se amaban mutuamente, estén siempre desgarradas por los conflictos emocionales? ¿Hay algo que lo glorifique en el hecho de que las personas que antes fueron productivas sean ahora víctimas del estrés, hasta el punto del agotamiento emocional?

Mi pregunta no es si tendremos que enfrentar conflictos emocionales, sino más bien si Dios se complace en que sucumbamos ante ellos. En el aposento alto, poco antes de enfrentar el Calvario, Jesús les dijo a sus discípulos: "En el mundo tendréis aflicción; pero confiad, yo he vencido al mundo" (Jn 16:33). La palabra que se traduce "aflicción" en el Nuevo Testamento también se traduce como "opresión, tribulación o circunstancias difíciles".

Todo esto denota tensión emocional, o estrés, como muchas veces nos referimos a ella hoy en día.

El apóstol Pablo experimentó, por supuesto, algo más que los conflictos emocionales normales de toda persona. Su entrega a Jesucristo y su determinación de darlo a conocer le significaron otro conflicto, como también a nosotros nuestra fe nos crea conflictos en ciertas situaciones. En la sociedad moderna, una mujer que sea una creyente fiel experimentará un conflicto similar con su esposo incrédulo cuando dedica regularmente tiempo a un grupo de estudio bíblico o da regularmente de su dinero a la iglesia.

A la epístola que conocemos como 2 Corintios se le ha llamado "el corazón de Pablo". En esta magnífica carta, Pablo pone a un lado los asuntos doctrinales que habían ocupado gran parte de su primera carta y con gran intimidad abre su corazón a unas personas que estaban enfrentando conflictos ya quienes les faltaba mucha madurez en su experiencia cristiana personal.

Es muy posible que la intención de Pablo fuera que los corintios supieran que aun él enfrentaba cuestiones y conflictos emocionales, pero que también supieran que lo importante no es el conflicto, sino la victoria sobre el conflicto. Por tanto, les escribió: "Mas a Dios gracias, el cual nos lleva siempre de triunfo en Cristo Jesús" (2Cor 2:14).

Piense en estas palabras por algunos momentos:

De los judíos cinco veces he recibido cuarenta azotes menos uno. Tres veces he sido azotado con varas; una vez apedreado tres veces he padecido naufragio; una noche y un día he estado como náufrago en alta mar; en caminos muchas veces; en peligros de ríos, peligros de ladrones, peligros de los de mi nación, peligros de los gentiles, peligros en la ciudad, peligros en el desierto, peligros en el mar, peligros entre falsos hermanos; en trabajo y fatiga, en muchos desvelos, en hambre y sed, en muchos ayunos, en frío y en desnudez; y además de otras cosas, lo que sobre mí se agolpa cada día, la preocupación por todas las iglesias (2Cor 11:24-28).

En la misma carta, Pablo dice: "...como entristecidos, mas siempre gozosos; como pobres, mas enriqueciendo a muchos; como no teniendo nada, mas poseyéndolo todo" (2Cor 6:10).

¡Qué contraste tan grande de emociones! Cualquier cosa que nosotros hayamos enfrentado, es probable que Pablo también la haya experimentado. Poco antes de su muerte, el tenaz y anciano guerrero le escribe a un joven desde la prisión, diciéndole: "Porque no nos ha dado Dios espíritu de cobardía, sino de poder, de amor y de dominio propio" (2Ti 1:7).

El principio del dominio propio, o del buen juicio, al cual se refiere Pablo, es posible por lo siguiente: una relación con Jesucristo es la respuesta al problema fundamental de la culpabilidad y el perdón; la Biblia nos enseña cómo manejar las decepciones y los sinsabores de la vida, que pueden ser en gran parte la consecuencia de vivir en un mundo arruinado por el pecado; y la fe que elimina el mayor de los temores, el de la muerte, lo cual nos permite concentrarnos en el disfrute de una vida vibrante, significativa y con propósito.

Las epístolas de Pablo son un reflejo de lo que él experimentó en su vida. En el mundo tendremos que enfrentar dificultades y tensiones, pero por la fe en Dios podemos vencer los conflictos y las tensiones emocionales que, para muchos, resultan mortales.

Una vez en San Diego, California, estaban llenando un globo con aire caliente, antes de echarlo a volar. Pero al hacerlo, el globo se soltó de donde estaba sujeto. Algunas de las personas que sostenían las cuerdas que habían mantenido fijo al globo, las soltaron. Otras se aferraron a ellas fuertemente, pensando que así podrían controlar el globo. Pero a medida que el globo se elevaba lentamente desde la tierra, ya no pudieron seguir sujetados a las cuerdas y cayeron a tierra, muriendo. Sin embargo, unos pocos, dándose cuenta de lo que sucedía, subieron las cuerdas pasando una mano sobre la otra y se amarraron a ellas con un lazo, siendo así arrastrados por el globo a medida que éste se eleva lentamente hacia arriba.

Lo que Pablo escogió hacer fue rechazar rendirse cuando tuvo que confrontar problemas emocionales que podían hacer que personas con menos aguante que él “no se sujetaran bien a la cuerda” y se vinieran abajo. “Sé vivir humildemente, y sé tener abundancia; en todo y por todo estoy enseñado, así para estar saciado como para tener hambre, así para tener abundancia como para padecer necesidad”, para añadir seguidamente: “Todo lo puedo en Cristo que me fortalece” (Fil 4:12-13).

“Eso ya lo sé”, pudiera estar usted pensando, “pero yo no soy uno de esos superhombres que puedan trepar las cuerdas y aguantar.”

Pero lo significativo de la vida y las enseñanzas de Pablo es que las circunstancias de la existencia no deben ser las que nos imponen nuestras reacciones emocionales y espirituales. O vencemos a las circunstancias, o ellas nos vencerán a nosotros.

Cuando alguien viene en busca de ayuda, y usted se da cuenta de que la mente de esa persona está envenenada por el odio y la ira, usted entiende que está frente a una situación que es contraria a la voluntad de Dios. Es obvio que estará trabajando juntamente con el Espíritu Santo para ayudar a la persona a renunciar a su ira y a restaurar una relación rota.

Cuando observa a una madre agobiada por un temor irracional que la mantiene cautiva dentro de su propio hogar, destruyendo así su paz mental al punto de no poder atreverse a manejar el automóvil para llevar a sus hijos al colegio, usted está frente a una situación que no es la voluntad de Dios (¿recuerda 2 Timoteo 1:7, ya citado en este capítulo?).

Y cuando usted habla con un colega empresario que ha hecho una mala inversión y está tan angustiado por el dinero invertido que no puede dormir por las noches, y vive de una dieta de antiácido reforzado y galletas, usted está frente a alguien que necesita de la paz que se obtiene al considerar la vida desde la perspectiva de lo que realmente importa.

La fe cristiana se convierte en el armazón de nuestra perspectiva emocional, la cual es diferente a la de la mente secular, tal como Pablo escribió: “Haya, pues, en vosotros este sentir que hubo también en Cristo Jesús” (Fil 2:5). El doctor Chris Thurman, de la clínica Minirth Meier, ha escrito un libro excelente titulado The Lies We Believe (Las mentiras que creemos) para ayudar a las personas a comprender las mentiras seculares que aceptan como verdades. Una vez que la persona comprenda la vida desde la perspectiva de Dios, no se verá amargada por las situaciones difíciles.

Scott Bailey, uno de los voluntarios en nuestro programa radial, sufrió una herida en una competencia deportiva cuando era adolescente y pasó veintinueve días en estado de coma. Su recuperación se caracterizó por largos años de terapia física y por numerosas visitas a especialistas de toda clase.

Pero a pesar de las limitaciones físicas, con las cuales Scott tendrá que vivir por el resto de su vida, su actitud es positiva, alegre, y refleja la fe que hay en su corazón. Cuando Scott fue criticado por un conocido suyo quien lo acusó de hacer de su fe "una muleta", Scott le respondió: "¡Ninguna muleta! ¡Jesucristo ha sido mi hospital completo!"

Examinemos seguidamente algunos de las emociones que usted tendrá que manejar al tratar de ayudar a las personas.

La ira descontrolada

En este libro ya hemos considerado varios casos en los cuales está involucrada la ira: el marido que golpeó a su esposa cuando ésta no estuvo satisfecha con la remodelación que él estaba haciendo en la cocina; la joven madre enojada con Dios por haber permitido que su bebé naciera con un corazón defectuoso; y la esposa airada y herida por la relación extramatrimonial de su esposo.

Sin duda alguna, usted se encontrará con personas cuya ira estará fuera de control. Es comprensible que estará furiosa la esposa cuyo esposo la ha traicionado; esto es algo diferente de la ira del esposo cuyo mal genio lo lleva a golpear a su esposa o a sus hijos. Una situación es el resultado de la confianza que ha sido traicionada; la otra ocurre porque las emociones del hombre se han desbordado.

Ideas

La ira no es intrínsecamente mala; es amoral. Puede usarse para el bien o para el mal, siendo causa de mucho sufrimiento.

En la versión Reina-Valera (revisión de 1960), la palabra "ira" aparece 325 veces y el verbo "airar" 32 veces; la palabra "enojo" aparece 64 veces, y el verbo "enojar" 97 veces. Muchas de estas situaciones se refieren a la ira de Dios por los pecados de su pueblo. Jesús se enojó con los fariseos por su incredulidad (Mr 3:5). Obviamente, estaba enojado cuando tomó el látigo y expulsó a los mercaderes del templo. Hay un momento y un lugar para la ira, pero cuando se manifiesta en el momento y en el lugar equivocados, y en forma equivocada, se convierte en pecado. Es la razón por la cual Pablo exhortó a los efesios diciéndoles: "Airaos, pero no pequéis" (Ef 4:26). Usted tendrá que ayudar a personas con el problema de la ira mal utilizada o mal dirigida.

Pablo reconoció que la ira exagerada muchas veces es contraproducente, llevándonos a hacer cosas de las cuales nos arrepentiremos después (1Ts 5:9 y 1 Ti 2:8). Santiago 1:19 dice que el hombre debe ser "tardo para airarse". Inmediatamente después de exhortarnos a no pecar si nos airamos, el apóstol Pablo añade: "No se ponga el sol sobre nuestro enojo" (Ef 4:26).

Usted podrá ayudar a una persona a manejar su ira descontrolada o dañina si:

- Determina la causa de su ira (si le es posible), y ve si puede hacer algo para eliminar su origen. Esta solución puede requerir cambios en su estilo de vida y aun de ambiente, a fin de que las personas que provocan su ira dejen de estar en contacto con ella.

- Si no se puede eliminar el origen de su ira, estimule a su amigo a determinar si lo que la provoca vale la energía mental que está utilizando en ella.

- Ayude a su amigo a encontrar maneras adecuadas de expresar sus sentimientos de ira sin decir o hacer cosas que les causen daño a los demás.

- Sugiérale maneras de aliviar la tensión que lleva a explosiones de ira. La recreación física o los pasatiempos pueden servir como válvulas de escape para desahogar tensiones emocionales.

- Ayude a su amigo a tomar conciencia de cuando el Espíritu Santo mora en la persona, éste puede domesticar el mal genio. La oración es un medio de lograrlo, si la persona airada le pide a Dios que la controle.

Versículos clave

Efesios 4:26: (anteriormente citado) proporciona una ayuda para el cambio. Pídale a la persona que lo memorice con usted. En el margen de su Biblia, en Efesios 4:26, anote Santiago 1:19: que le dará una motivación para enfrentar este tipo de problema.

Ideas

El temor al peligro hace que la persona tome medidas para proporcionarse seguridad. Pero el temor que debilita y deprime, esclavizando y privando a la persona de la paz mental, no proviene de Dios y debe ser vencido. Recuerde que decirle a alguien lo tonto que resulta tener miedo sólo acobardará más a la persona y hará que se agrave su problema.

Versículo clave

2 Timoteo 1:7: “Porque no nos ha dado Dios espíritu de cobardía, sino de poder, de amor y de dominio propio”.

La mayor parte de nuestros temores tienen que ver con cosas que no han sucedido, pero que tememos puedan ocurrir, y con las cosas que no entendemos. Los varones tienden a temer a las cosas que amenazan su imagen de masculinidad, tales como ser despedido de un empleo, o perder el respeto de sus semejantes.

Las mujeres temen perder su belleza física y a cualquier cosa que las prive de su seguridad.

Una amiga suya deja de asistir al estudio bíblico durante varias semanas y usted la visita en su casa.

Cuando se sientan para tomar una taza de café, usted le manifiesta que la han echado de menos. Al comienzo ella habla de la niñera que no ha podido seguir encargándose de los niños, pero después salta en lágrimas y dice: "Oh, mejor te digo lo que me está pasando. No sé lo que me sucede, pero últimamente siempre que retrocedo al auto, se me enfrían las manos y empiezo a sudar, y mi corazón palpita como loco. Me produce un miedo terrible pensar que otro automóvil pueda chocarme. No sé lo que me está ocurriendo. Mi esposo dice que debo estar volviéndome loca. ¿Tú crees que estoy loca?".

Y usted le contesta: "No, por supuesto que no, pero ¿no piensas que podría haber alguna relación entre tus sentimientos y el accidente de tránsito que tuviste el año pasado?". "Yo he pensado, pero no sé."

Ridiculizar o criticar a la persona no servirá de nada. En vez de ello, estimúlela a que tome el primer paso, manejando el coche hasta la oficina de correos que queda a una cuadra de distancia; o a que lleve a los niños al colegio, que está a kilómetro y medio de su casa. Quizás usted se interese tanto por su amiga que quiere acompañarla en las primeras salidas. O puede que sea necesario que la persona acepte la realidad de su temor a conducir, y entonces tenga que aprender a tomar el autobús o a conseguir aventones con otras personas.

Poco después de que Darlene y yo nos casamos, me enteré que ella sufría de acrofobia (temor a la altura). Habíamos tomado el ascensor para subir a la Torre Eiffel de París, y para ahorrar un poco de dinero decidimos descender caminando. Apenas habíamos andado un corto trecho por las escaleras del exterior de la torre, cuando ella se quedó completamente paralizada. Allí descubrí que la altura realmente la atemorizaba.

Hace tres años, cuando esquiábamos, ella se paró sobre una loma, petrificada por el temor a descender. Yo había esquiado unos cuantos centenares de metros hacia abajo y esperaba que ella descendiera también. En esos momentos pasó por allí el patrullero de esquí con un remolque. Lo detuve y le pedí que subiera para llevarla abajo.

"Querida, todo está bien; no tienes que esquiar; no hay problemas", le dije. Ahora, en vez de esquiar descendiendo por las colinas, nos hemos vuelto aficionados al esquí nórdico (también esquí de campo o a campo traviesa), algo que le gusta también.

El comprender que nada fuera de la voluntad de Dios puede sucederle a un hijo de Dios que vive y anda de acuerdo con sus propósitos, es algo que elimina la sensación de ser una víctima de las circunstancias.

Jack Morris, el psicólogo que mencioné antes en este libro, utiliza el Salmo 23 con los pacientes que están luchando con sus temores, y les pide que lo memoricen y lo repitan audiblemente varias veces al día: "Aunque ande en valle de sombra de muerte, no temeré mal alguno, porque tú estarás conmigo" (v.4).

Usted puede ayudar a las personas a enfrentar circunstancias que, de lo contrario, les podrían producir temores devastadores. Si son capaces de comprender que la seguridad no es "la ausencia de peligro" sino "la promesa de la protección del Señor", pueden superar temores que de otra manera destruirían su paz mental.

La ansiedad omnipresente

Ideas

No importa cuántos de nosotros nos dejemos dominar por la ansiedad, siempre es pecado. Ninguna persona puede estar ansiosa y confiar en Dios al mismo tiempo. Usted tiene que hacerle ver a esa persona esta verdad, si desea ayudarla a vencer lo que se ha llamado "el pecado aceptable en los santos".

Versículo clave

Filipenses 4:6,7: "Por nada estéis afanosos, sino sean conocidas vuestras peticiones delante de Dios en toda oración y ruego, con acción de gracias. Y la paz de Dios, que sobrepasa todo entendimiento, guardará vuestros corazones y vuestros pensamientos en Cristo Jesús".

La realidad de este pasaje aparece con toda claridad en la paráfrasis de la Biblia al Día, la cual dice: "No se afanen por nada; más bien oren por todo..."

Algunas personas, debido a su naturaleza y su estructura emocional, están más inclinadas a angustiarse que otras; sin embargo, la ansiedad o la angustia no se justifican por hecho de "producirse por instinto".

Cuando un amigo suyo que tenga este problema venga a usted para preguntarle: "¿Qué me aconsejas que haga?", es necesario que usted considere antes varios asuntos, a saber: ¿Cuál es la verdadera causade su preocupación o ansiedad? ¿Qué se ha hecho para determinar si el asunto es válido o no? Por ejemplo, si la mujer de su estudio bíblico que pide que oren por ella por tener "cáncer" nunca ha ido al médico para que le practique un examen, el primer paso será convencerla de que necesita un adecuado diagnóstico médico.

Los ancianos, por lo general, están absolutamente convencidos de que se quedarán sin dinero antes de morir (no importa cuánto dinero tengan). Si se logra que el anciano hable con un planificador financiero o con un banco que puedan darle asesoría e inversiones, esto puede eliminar esa preocupación al lograr tener un presupuesto y aprender a regirse por el mismo.

Su papel como consejero-amigo puede ser proporcionar apoyo emocional para asegurase de que la persona tome alguna acción.

¿La persona víctima de la ansiedad ha hecho del problema que la aqueja un asunto definido de oración? El entregarse al cuidado de un Dios soberano, creyendo que Él está en control de nuestra vida, elimina la ansiedad. Usted puede entonces apagar las luces y decir: "Señor, encárgate del turno de la noche; no hace falta que ambos estemos despiertos. Me voy a dormir." Esto funciona.

La depresión emocional

En la primera fase del proceso de consejería usted se esfuerza por entender en qué consiste realmente el problema y qué lo está generando. Cuando su amigo venga a usted deprimido, su primera tarea debe ser ayudarlo a determinar la causa de su depresión.

Ideas

Entre las causas de la depresión, busque las siguientes:

- Ira reprimida.
- La sensación de estar en una situación desesperante.
- Hábitos o problemas secretos que generan depresión.
- Problemas de naturaleza física que requieren de atención médica.

Una de las causas más comunes de la depresión es la sensación de estar en una situación desesperante, de la cual la persona no puede escapar. Por ejemplo, la de una madre con siete hijos y sin ninguna profesión, casada con un hombre que ha abandonado el hogar y la ha dejado sin ayuda. Por no tener familia cercana a la cual acudir, y pocas posibilidades de obtener algún empleo, el desánimo se transforma en desesperación, y finalmente en depresión.

Cuando usted hable con su amigo, comience por precisar si su depresión es el resultado de alguna causa específica; como puede ser, por ejemplo, el caso de un ingeniero aeronáutico, de cuarenta y siete años de edad, despedido por reducción de personal, cuya preparación no le permite aceptar un trabajo de baja categoría, y que al mismo tiempo no parece tener oportunidad de volver a trabajar para una empresa importante, sufrir de depresión crónica sin una causa aparente. Algunos de los síntomas de la depresión son el letargo, la indiferencia a las responsabilidades, el aspecto descuidado y la insipidez emocional.

En las situaciones en las que está presente el cansancio crónico, siempre he recomendado a mis amigos que se sometan a un chequeo físico completo, con especial atención al nivel de azúcar en la sangre y a la estructura sanguínea. Si después de esto no aparece

ninguna razón física aparente para la depresión, se hace necesaria la ayuda de un profesional. Hay ayuda para los deprimidos crónicos; a veces la depresión se alivia con un cambio de dieta o la incorporación de un programa de ejercicios físicos rutinarios bajo la supervisión de un médico, o aun una dosis reducida de un medicamento (tal como el litio), para estabilizar un desequilibrio químico del cuerpo.

A pesar de que la depresión no es en sí misma hereditaria, sí pueden heredarse ciertos tipos de personalidad que son más susceptibles a la depresión o al desánimo. Si le dice a una persona que "se la sacuda" porque Dios no quiere que nadie se deprima, ello sólo la hundirá más en la depresión. Pero si le dice que a Dios le importa cómo se siente la persona, y que Él nunca dejará ni abandonará a sus hijos (véanse versículos bíblicos clave), y si el individuo comprende que se le ha perdonado y que es un hijo de Dios, ello lo ayudará a comenzar a tener éxito en su problema de depresión.

La depresión y el cuerpo físico

Cuando alguien me habla de su depresión, siempre le pregunto:

¿Qué clase de ejercicio físico practica usted? E invariablemente la persona no practica ninguno, o bien da una breve caminata alrededor de su conjunto residencial, pensando: "¡Esto que hago es ejercicio!".

Como resultado de aconsejar a las personas, he llegado al convencimiento de que el ejercicio físico es uno de los mejores antídotos contra la depresión. Si tengo alguna duda en cuanto a la condición física de la persona, la envío a un médico para que este la oriente en cuanto a la actividad física que podría aguantar, y luego le recomiendo que comience a caminar (hasta llegar a cubrir, caminando con rapidez, de cinco a nueve kilómetros por lo menos tres veces a la semana), o que haga ejercicios que le permitan aumentar las pulsaciones del corazón y la frecuencia respiratoria.

La depresión y la vida espiritual

Al esforzarse por descubrir la razón de la depresión, puede encontrar que la persona deprimida está viviendo con algo que ella sabe que no está bien. Gordon MacDonald se refiere a esta clase de personas como los "portasecretos", que son individuos que pueden estar luchando con un pecado tal como una relación inmoral o una adicción a la pornografía, o pueden ser unos pillos en cuanto al dinero, y están conscientes de que están obrando mal. El sacar

este problema a la luz y enfrentarlo por medio del arrepentimiento, la confesión y la restitución (en caso de ser necesario) eliminará la depresión.

La persona deprimida tiene siempre la sensación de que Dios está muy distante y de que la oración no sirve para nada. Hasta Juan el Bautista, quien languidecía en la tenebrosa cárcel de Maqueronte, sucumbió probablemente ante la duda y posterior depresión, preguntándose si Jesús era o no realmente el Cristo. Las personas deprimidas por lo general ponen en duda verdades que efectivamente saben que son incontrovertibles. En su corazón están convencidas de que Dios no las ha escogido como víctimas de ataques, pero a pesar de ello se sostienen abandonadas y solitarias.

Cuando cierto amigo mío sufrió un ataque cardíaco, mientras estaba hospitalizado pensaba en los compromisos de conferencia que tendría que cancelar, en las fechas topes que no podría cumplir para la entrega de sus escritos, y en cómo tendría que hacer para que sus modestos recursos económicos le alcanzaran a pesar de la enfermedad. Al clamar: "¿Por qué yo, Señor?" le pareció que escuchó una voz que le decía: "¿Y por qué no tú?". El capítulo 43 de Isaías nos recuerda que enfrentaremos los valles, el fuego y las inundaciones, pero la promesa de la cual debemos apropiarnos por fe es que Dios camina con nosotros.

Versículo clave

Mateo 28:20: "...he aquí yo estoy con vosotros todos los días, hasta el fin del mundo..."

Hebreos 13:5,6: "No te desampararé, ni te dejaré"; de manera que podemos decir confiadamente: "El Señor es mi ayudador; no temeré lo que me pueda hacer el hombre".

La depresión y la vida emocional

Reconociendo el hecho de que no se puede separar lo espiritual de lo emocional, es necesario señalar que la persona deprimida no sólo duda de las verdades espirituales, sino que además le es difícil aceptar otras realidades ciertas ("¡Mi esposa realmente no me ama, pues de lo contrario sabría cómo me siento!"). En este punto usted puede ayudar a su amigo a comprender que el amor es un compromiso, y que el esposo o la esposa es fiel al compromiso hecho ya hace tiempo.

Las emociones de una persona pueden ser controladas por la voluntad, y la decisión de aferrarse a la realidad contribuye grandemente a superar la depresión.

La alabanza es un acto de la voluntad. Esta es una de las herramientas que Dios nos ha dado para combatir la depresión. La persona a quien usted aconseja necesita concentrarse en la bondad de Dios, en su carácter y en su fidelidad, necesita comenzar a hacer un recuento de las diversas formas en que Dios todavía le sonríe. Necesita decir: "Señor, sé que Tú eres soberano y que estás en control de todo el universo. También creo que eres más grande que mi depresión y te doy gracias por lo que has hecho por mí y por lo que harás." Al hacer esto la depresión comenzará a desaparecer. ¡La felicidad sí es una decisión!

CAPÍTULO 9
CÓMO UTILIZAR LA BIBLIA AL ACONSEJAR EN CASOS DE CONDUCTA DEPENDIENTE

Al disponernos a abordar el tema de la conducta dependiente, usted podría sentirse tentado a declararse en retirada y decir: "¡Esto es demasiado para mí! ¡Alguien que sufra de una adicción a algo necesita de un profesional!". En algunos casos usted tiene razón, y le daré pautas que le ayudarán a saber cuándo debe insistir en que alguien busque ayuda profesional. En ciertos casos, las personas carecen de dinero para someterse a un tratamiento, pero ignoran que hay muchos grupos profesionales, incluyendo la mayoría de los servicios cristianos de consejería, que tienen diferentes escalas para hacer posible que pueda recibir ayuda casi todo el mundo que la necesite.

Pero con mucha frecuencia, las personas no están dispuestas a someterse al cuidado de un profesional a quien no conocen, ni le tienen confianza. Sin embargo, sí vendrán a usted en busca de ayuda. En algunos casos serán los padres de la persona que necesita aconsejamiento, o la pareja de alguien que sufre, quienes le preguntan: "¿Qué me aconsejas que haga?".

La conducta dependiente es un patrón de actividad creado por una persona emocional o físicamente dependiente de algo o de alguien.

Puede tratarse de una dependencia física, como es el caso del abuso del alcohol y la droga. En otros casos, la conducta dependiente consiste en una fijación emocional.

Comprenda, por favor, que el tratamiento que doy a cada tema en este capítulo es un tanto superficial. Mi propósito es ayudarlo a usted a identificar el problema de dependencia, a fin de que pueda ayudar a su amigo a ver las implicaciones de lo que se está causando a sí mismo y a los demás, como también las implicaciones de no enfrentar el problema. Además, usted podrá aprender a utilizar su Biblia para ayudar a la persona y el poder del Espíritu Santo actuará en su vida, ya que el Espíritu Santo es la fuerza más poderosa del mundo cuando se trata de transformar los patrones de conducta.

Determine sus limitaciones como consejero-amigo

Cuando usted encuentra una conducta dependiente, la pregunta que siempre surge es: "¿Podré ayudarle?". Gran parte de la respuesta dependerá de si la persona que sufre permita que usted le ayude. Las siguientes preguntas le proporcionarán pautas para determinar si usted puede encargarse de la tarea de ayudar, o si es necesario remitir a la persona a un profesional, en cuyo caso usted velará por que ella efectivamente vaya y reciba ayuda.

¿Reaccionará la persona a la confrontación?

Si la persona que tiene el problema es la que ha venido a usted y le ha dicho: "¿Qué me aconsejas que haga?", la confrontación no será difícil. Sin embargo, es más complejo cuando, por ejemplo, una madre le dice: "Estaba limpiando la habitación de mi hijo esta mañana y encontré un sobre con polvo blanco, que creo que es cocaína. Mi hijo dice que no es suyo. Dice que le pertenece a un joven que pasó con nosotros la noche del sábado. Pero no le creo. Tanto mi esposo como yo creemos que él es un consumidor".

Aunque tratamos de evitarla, la confrontación es definitivamente necesaria si hemos de ayudar a una persona. Esta clase de confrontación, a la que se ha descrito como "amor fuerte", significa que la familia está dispuesta a decirle a la persona: "Mira, tienes un problema. Tú lo sabes, y nosotros también, pero te amamos tanto que insistimos en que busques ayuda. Te apoyaremos, pero esto no puede continuar. Tienes que obtener ayuda". Cuando usted, como consejero amigo, ayuda a otra persona, tendrá que confrontar los problemas de conducta impropia y decisiones mal hechas por parte de dicha persona.

¿Está la persona dispuesta a enfrentar las consecuencias de sus actos?

En la segunda fase del proceso de consejería, usted se esfuerza por ayudar a su amigo a ver las opciones de las cuales puede valerse, así como las consecuencias finales de su decisión. Mientras la persona se niega a reconocer que tiene un problema, no ha enfrentado las consecuencias de sus actos. Tiene que reconocer que el abuso en el consumo de sustancias, o la conducta dependiente prolongada, dañarán o destruirán finalmente las relaciones familiares, y que el abuso podrá hasta ocasionarle la muerte.

¿Tiene la persona deseos de cambiar?

La mayoría de las personas que vienen a usted luchando con algún tipo de conducta dependiente desean realmente ayuda. Una de las cosas hermosas cuando se aconseja en el poder del Espíritu Santo, es que Dios ayudará a la persona que reconoce su necesidad y que se vuelve al Señor en busca de ayuda. Usted es como la partera cuyos esfuerzos estarán acompañados de gran dolor. Pero cuando la persona viene a usted porque alguien quiere que lo haga, para "quitarse un problema de encima", es muy poco lo que usted podrá hacer. Cuando sospecho que es así, le digo a quien busca mi ayuda: "Mire, yo no creo que usted esté preparado para que enfrentemos el problema juntos. Sin embargo, quiero que sepa que me preocupa, que puede llamarme cuando guste, y cuando usted esté listo, cuente con mi ayuda."

¿Será totalmente sincera conmigo la persona?

Mi experiencia ha sido que mi capacidad para ayudar a alguien está directamente relacionada con la sinceridad de la persona. El engaño y la falta de sinceridad son características de las personas que no han llegado al punto de estar dispuestas a aceptar ayuda. Cuando alguien me dice mentiras, le digo que no puedo ayudarla si no es sincera; que sigo siendo su amigo, pero que no vale la pena que perdamos tiempo en este tipo de situación.

¿Está la persona dispuesta a ser responsable?

La responsabilidad en este punto, significa que la persona estará dispuesta a llegar puntualmente a las citas y a ser responsable por sus actos. Cuando una persona llega a usted y quiere su ayuda, pero también va a uno o dos amigos más para que le ayuden, usted tendrá que pedirle que se haga responsable ante uno de ustedes. Lo que el otro amigo de la persona quiere hacer, puede ser exactamente lo que usted quiere, pero la manera cómo el otro se esfuerza por alcanzar su propósito puede interferir con lo que usted está tratando de lograr.

¿Está la persona dispuesta a cooperar conmigo?

¿Es la persona sincera en su disposición a seguir el consejo y la orientación que le daré? Como ya he dicho antes en este libro, si la persona tiene una relación muy estrecha con usted, o si la familia de usted, y usted mismo, creen que la responsabilidad (a la cual me he referido en el punto anterior) significa reconocer algunas cosas embarazosas o desagradables, posiblemente será mejor que remita a su amigo a otra persona para que lo ayude.

Usted probablemente no recibirá un ¡sí! entusiasta e incondicional a las seis preguntas anteriores. Medida que el proceso avance, habrá momentos cuando le parecerá que está logrando poco progreso, pero mientras vea que la persona hace su parte por colaborar, usted puede tener éxito como consejero amigo.

Pero, ¿qué tal si mi amigo no sigue mi consejo?

Existe siempre la posibilidad de que la persona a la cual usted está tratando de ayudar no siga su consejo y que tome una decisión que usted considere mala. ¿Qué pasará entonces con la amistad?

Su amigo probablemente evitará verse con usted, por lo menos hasta que usted le haga saber que, no importa lo que haga, usted lo seguirá queriendo y continuará siendo su amigo. Jesús tuvo esta clase de amor por sus discípulos. La semana anterior a su muerte en el calvario, mandó a sus discípulos a amarse los unos a los otros, de la misma manera que Él los había amado (Jn 13:34,35).

El amor con que Jesús aceptaba a las personas era independiente de la conducta de ellas. A veces, Él trataba a las personas con amor y solicitud, y éstas le respondían igualmente con amor. Otras veces, le daban la espalda y se marchaban, despreciando su amor. Pero su amor por ellas no disminuía por su rechazo, ni por ninguna falta que cometieran.

Usted tiene, sin duda alguna, limitaciones como consejero humano; no podrá lograr siempre que las personas sigan su consejo, no importa cuánta razón tenga. Pero sí puede continuar amando a sus amigos de la misma manera que Jesús amaba aquellos a los cuales ministró.

El alcoholismo

Ideas

A pesar de que la Biblia no enseña explícitamente la abstinencia en lo referente al uso de bebidas alcohólicas, sí enseña moderación. Pablo mandó a Timoteo: "Ya no bebas agua, sino usa de un poco de vino por causa de tu estómago y de tus frecuentes enfermedades" (1Ti 5:23). El vino del primer siglo era una bebida con aproximadamente una tercera parte del contenido alcohólico del vino de hoy, y se utilizaba también como antiséptico y medicina. En el relato del buen samaritano (Lc 10:30 37), el samaritano derramó aceite y vino en las lesiones del herido.

Pero la borrachera, o dependencia alcohólica, es algo claramente prohibido en las Sagradas Escrituras. Romanos 13:13 dice, "Andemos como de día, honestamente; no en glotonerías y borracheras..." La borrachera está también señalada especialmente como una de las manifestaciones de la carne en Gálatas 5:21.

Versículos clave

Efesios 5:18 manda: "No os embriaguéis con vino, en lo cual hay disolución; antes bien sed llenos del Espíritu", y Romanos 14:21 dice: "Bueno es no comer carne, ni beber vino, ni nada en que tu hermano tropiece, o se ofenda, o se debilite".

La mayoría de las personas que batallan contra su alcoholismo están, por lo general, conscientes de que la Biblia condena su problema; sólo que no saben cómo zafarse de él.

Hasta que la persona acepte el hecho de que tiene un problema alcohólico, usted no podrá tener efecto como consejero ayudador. En la organización Alcohólicos Anónimos, cuando las personas comienzan a hablar de sí mismas, lo primero que dicen es: "Soy un alcohólico". El reconocer el problema abre la puerta a la solución. Muchas veces nuestra contribución puede servir de apoyo al alcohólico, al comenzar éste, o ésta, a recibir tratamiento en un centro curativo o en Alcohólicos Anónimos.

La motivación para vencer cualquier dependencia tiene que ser mayor que la fuerza del problema. Para un hijo de Dios, estar consciente de que su cuerpo es el templo del Espíritu Santo de Dios (Ro 12: 1,2 y 1Cor 6:19), puede ser un estímulo para el cambio. Al aconsejar una persona, trate de recordar que el Espíritu Santo es el agente del cambio de conducta, y que la persona es responsable y puede cambiar. Al orar con ella, y por ella, espere cambios; no quede satisfecho hasta que éstos se produzcan.

Aunque ciertas personas queden libres instantáneamente de su dependencia alcohólica, la mayoría necesita de mucho apoyo y ayuda durante un período de tiempo. El apoyo de la familia, y el suyo, como consejero amigo, son vitales. Si usted no tiene ni el tiempo ni la energía emocional para ofrecer este apoyo, es preferible remitir a la persona a un grupo de apoyo para personas con problemas alcohólicos. El número de los programas que ofrecen estos grupos es cada vez mayor.

La drogadicción

Ideas

En nuestra generación, el consumo de drogas ha aumentado de manera sin precedente, convirtiéndolo en el principal problema que confrontan las personas hoy. Existen muchas circunstancias responsables del consumo de drogas, pero probablemente el principal factor es la presión de los amigos. Entre los adultos jóvenes la cocaína y el crack (cocaína libre de impurezas, que se vende en forma lista para ser fumada) se han convertido en las drogas preferidas.

Su labor como consejero amigo abarca el determinar si su amigo se ha involucrado en el uso circunstancial de drogas (siendo, por tanto, un consumidor ocasional) o si ha desarrollado una verdadera dependencia de ellas. La persona adicta no se detendrá en nada para satisfacer el ardiente deseo de su cuerpo por las drogas, lo cual no hace sino subrayar la gravedad del problema.

Pero la dependencia de las drogas va más allá de la cocaína. Un número cada vez mayor de personas, entre las que están una gran cantidad de mujeres, son adictas a las anfetaminas y a los medicamentos para controlar el exceso de peso. Ya se trate de cocaína o cafeína (proveniente del té, del café o de las bebidas gaseosas), se considera que una persona es adicta cuando siente incomodidad física ("me duele la cabeza si no tomo café") por la falta de éstas.

Muchísimas personas aficionadas a las drogas podrían haberse evitado grandes problemas si alguien, como un consejero-amigo, se hubiera ocupado del problema desde el comienzo, y hubiera mostrado suficiente interés en confrontar a la persona que estaba experimentando con las drogas.

Pero si la persona ya se ha convertido en adicta, y está afectada físicamente, tendrá usted que remitirla a un médico, o a un programa de rehabilitación de drogadictos, donde haya ayuda supervisada las veinticuatro horas del día.

Versículos clave

1 Corintios 6:19,20: "¿O ignoráis que vuestro cuerpo es templo del Espíritu Santo, el cual está en vosotros, el cual tenéis de Dios, y que no sois vuestros? Porque habéis sido comprados por precio; glorificad, pues, a Dios en vuestro cuerpo y en vuestro espíritu, los cuales son de Dios". Tres poderosas palabras de este versículo constituyen una motivación para el cambio: "No sois vuestros". Entonces, ¿a quién pertenece usted? A Jesucristo.

1 Pedro 1:18,19 Pedro también nos recuerda el precio de la redención: "Sabiendo que fuisteis rescatados... no con cosas corruptibles, como oro o plata, sino con la sangre preciosa de Cristo".

Muchas personas que luchan con alguna adicción pueden recibir ayuda eficaz de consejeros amigos que se preocupan lo suficiente para aguantar la tormenta. Las siguientes sugerencias pueden ser útiles al llevar a cabo el proceso de consejería.

Recuerda que, desde la perspectiva cristiana, la drogadicción es un asunto de elección. La persona se vuelve adicta como resultado de la decisión que voluntariamente ha tomado. Es poco probable que usted tenga que aconsejar a alguien que se hizo adicto a una sustancia porque alguien lo obligó a consumir drogas. Igualmente, el verse libre de la adicción, puede venir como resultado la decisión de rechazarlas y de querer vivir una vida libre de drogas. Si la drogadicción es dañina (y lo es), entonces es también un pecado delante de Dios y debe ser tratada de esa manera.

Para que se produzca la liberación, es necesario que haya una completa y absoluta dependencia del Señor. Son muy pocas las personas que renuncian repentinamente al hábito de la droga, sin ninguna clase de ayuda. La mayoría de ellos necesita ayuda, y aquí es donde usted entra en escena como consejero amigo.

Ayude a su amigo a desarrollar independencia de su grupo. Esta es, probablemente, una de las funciones más importantes que usted desempeña en el asunto. Los lemas tales como "¡Dile no a la droga!" son buenos, pero cuando los mejores amigos de alguien lo animan a decir "¡Sí!", estos lemas de nada sirven.

Ayude a restaurar el ambiente de la persona ofreciéndole el apoyo necesario para que cambie de grupo. Se invierte el proceso de la participación al dominio propio cuando la persona se asocia a una iglesia o grupo de apoyo donde las personas digan: "Oye, entiendo tu problema. Yo también lo viví hace un par de años, pero Dios me liberó y ahora estoy bien".

Utilice el poder de la oración en su trabajo con la persona. (A esto me referiré más detalladamente en el próximo capítulo.)

La adicción sexual

La vigésima segunda edición (2001) del Diccionario de la lengua española de la Real Academia, define así la adicción: «Hábito de quienes se dejan dominar por el uso de alguna o algunas drogas tóxicas, o por la afición desmedida a ciertos juegos.» Algunas personas también se dejan dominar por un interés desmesurado en actividad sexual. Esto quiere decir relaciones sexuales obsesivas, infidelidad y promiscuidad.

Las relaciones sexuales obsesivas

En el contexto de este libro, no me estoy refiriendo a la persona que desea tener relaciones sexuales frecuentes en su matrimonio, ni a la manera como la persona obtiene satisfacción sexual con su cónyuge. Tampoco estoy hablando del adolescente que tiene una curiosidad perfectamente normal por las funciones sexuales de su cuerpo. Más bien, estoy describiendo a la persona cuyos apetitos sexuales han llegado a un grado tal de inflamación que se encuentra obsesionada por el sexo, de igual manera que lo está por la droga una persona adicta a la cocaína.

Estamos viviendo en una época obsesionada por el sexo. Materiales sexuales explícitos, que jamás se habrían permitido hace algunas décadas, se han vuelto de lo más común en la televisión y el cine.

Hoy las grabadoras de videocasetes han llevado la película pornográfica de los cines a los hogares. Y con los patrones de clasificación de hoy, las películas aptas para mayores de dieciocho años son extremadamente explícitas en lo sexual. En este ambiente, millones de personas que hace pocos años se habrían manifestado en contra de la saturación sexual, la han tolerado poco a poco y hasta se han adherido a ella.

Ideas

La exposición permanente al sexo produce alguna de las siguientes dos cosas: una total indiferencia, o una obsesión hasta el punto de que la perspectiva de la persona queda totalmente distorsionada.

La adicción sexual es la perversión del apetito normal cuya satisfacción en el matrimonio cuenta con la bendición de Dios. La adicción se convierte en un deseo vehemente, agotador y no satisfecho, lo cual es malo. Lo que normalmente habría bastado para satisfacer a la persona ya no es suficiente, pues el apetito sexual queda insatisfecho.

¿Por qué ocurre esto? En algunos casos, la persona está buscando algo que falta en su vida: una relación auténtica y válida con alguien. Al buscar intimidad y compañía, va de una relación a otra, llevada por un deseo que confunde el sexo con el amor.

La persona que sufre de obsesión sexual puede ser la mujer que nunca fue abrazada ni amada por su padre (o su esposo) y por ello confunde la expresión sexual con las relaciones de afecto. Pero también es, con frecuencia, el varón que en su juventud no se relacionó bien con las mujeres, o con modelos masculinos que pudiera imitar, y encuentra una perversa satisfacción en la pornografía que no hace oposición ni reta a su ego masculino. Al volverse adicto a la pornografía, el hombre poco a poco cae en encuentros sexuales poco satisfactorios e infelices.

Versículos clave

1. Corintios 3:16,17: "¿No sabéis que sois templo de Dios, y que el Espíritu de Dios mora en vosotros? Si alguno destruyere el templo de Dios, Dios le destruirá a él; porque el templo de Dios, el cual sois vosotros, santo es".

2. Pedro 1:3,4: "Porque a medida que lo conozcan mejor, él en su gran poder le dará lo que

necesitan para llevar una vida verdaderamente piadosa. . . Además, por medio de ese mismo gran poder nos ha dado preciosas y grandísimas promesas. Por ejemplo, nos ha prometido salvarnos de la lascivia y la corrupción de este mundo y hacernos partícipes de la naturaleza divina" (La Biblia al Día).

¿Cómo podría usted ayudar a una persona a vencer esta obsesión?

Comience por descubrir qué es lo que está alimentando la mente de la persona que tiene este problema. Pídale que le diga los nombres y la clasificación de las últimas cinco películas que ha visto. Pregúntele también por cuánto tiempo ha tenido la pornografía parte importante en su vida.

Ayude a la persona a ver que la expresión sexual no es un sustituto de la relación significativa (hablaremos más de esto en la sección sobre la promiscuidad sexual).

Al ayudar a su amigo a verse tal como Dios lo ve, tendrá que llamar pecado a este problema y manejarlo de esa manera. La Biblia dice: "El que encubre sus pecados no prosperará; mas el que los confiesa y se aparta alcanzará misericordia" (Pr 28:13).

Sustituya lo sexualmente negativo que entra en su mente, con la poderosa limpieza de la Palabra de Dios. En 2 Pedro 1:4 (antes citado), Pedro habla acerca de escapar de la lascivia y corrupción de este mundo mediante las grandes promesas de la Palabra de Dios. Hace muchísimos años que el salmista hizo la pregunta: "¿Con qué limpiará el joven su camino?", y él mismo la respondió, diciendo: "Con guardar tu Palabra" (Sal 119:9). El citar y memorizar versículos bíblicos reemplaza a muchas de las imágenes lujuriosas y sensuales que han afectado a la mente y los pensamientos de una persona.

Insista en la obligación que su amigo tiene de ser responsable ante usted cuando trabaje con él durante un cierto período de tiempo. Esto significa sinceridad, transparencia en la relación y disposición de cambiar.

La promiscuidad sexual

Por cada matrimonio hoy, hay un adulto sin pareja. Muchos de éstos caen dentro de la categoría de quienes estuvieron alguna vez casados, individuos que alguna vez tuvieron relaciones sexuales normales durante cierto tiempo con su pareja, pero que, debido a la muerte o el divorcio, se hallan de nuevo en situación de soltería. Para quienes estuvieron casados antes, el sexo fue una parte muy común de sus relaciones.

Representaba intimidad, la expresión del amor, y el alivio emocional y físico que acompaña el orgasmo.

Para los que estuvieron casados antes, el mantenerse sexualmente puros es muchas veces algo que no les resulta fácil. La soledad y el aislamiento crean muchas veces situaciones que les hacen abandonar principios bíblicos por el calor de otro cuerpo humano. El sexo ocasional se ha convertido en algo relativamente común para las personas solteras, hasta para los que se consideran cristianos "nacidos de nuevo".

La doctora Toni Grant, una psicóloga muy popular, dice en su libro Being a Woman (lo que significa ser mujer):

Muchas mujeres contemporáneas con las cuales hablo tienen muchísimas ideas en cuanto a la sexualidad y a las relaciones, pero ninguna norma por la cual vivir y compartir su cuerpo. Constantemente recibo llamadas de mujeres que no saben decir que no, que ni siquiera cuentan con el vocabulario para establecer algún tipo de norma, y que están desesperadamente temerosas de que, si dicen que no, perderán a los hombres de su vida.

El sexo ocasional es un tipo de sexo que no crea un compromiso, y de no ser en el matrimonio, no hay ningún compromiso definitivo. Hoy día, infinidad de hombres y mujeres que buscan satisfacción confunden la experiencia sexual con el compromiso. En las relaciones que ocurren fuera del compromiso del matrimonio, la mujer es la gran perdedora. Para la mujer, el sexo sin matrimonio no es simplemente una respuesta física sino una entrega emocional que quizás no sea recíproca. Como dice la doctora Grant: "No importa cómo se presente, la mujer en una relación sexual sin compromiso está entre la espada y la pared... El sexo sin entrega no ha funcionado muy bien para las mujeres".

Ideas

Lo que Dios espera de las personas solteras, es lo mismo que espera de las que están casadas: pureza sexual, lo cual significa abstinencia antes del matrimonio y fidelidad en el matrimonio a una sola persona, su pareja. Y aunque el sexo ocasional pueda ser la norma aceptada en el mundo, es pecaminoso a los ojos de Dios.

Versículos clave

1 Tesalonicenses 4:3 5: "Pues la voluntad de Dios es... que os apartéis de fornicación; que cada uno de vosotros sepa tener su propia esposa en santidad y honor; no en pasión de concupiscencia, como los

gentiles que no conocen a Dios". En este asunto no hay ninguna ambigüedad ni evasivas.

Al escribir a Timoteo, el apóstol Pablo ordenó que las viudas jóvenes volvieran a casarse y asumieran las responsabilidades de esposas y madres, evitando así la tentación sexual (1Ti 5:11-16). Otro pasaje que nos proporciona un poderoso motivo para la pureza sexual es Romanos 12:1,2. En él Pablo amonestó a los creyentes a presentar sus cuerpos "en sacrificio vivo, santo, agradable a Dios, que es vuestro culto racional. No os conforméis a este siglo, sino transformaos por medio de la renovación de vuestro entendimiento, para que comprobéis cuál sea la buena voluntad de Dios, agradable y perfecta." La Biblia al Día parafrasea las palabras "no os conforméis a este siglo" por "no imiten la conducta ni las costumbres de este mundo".

La promiscuidad sexual no es, por supuesto, una lucha que deben librar únicamente las personas que antes estuvieron casadas. Las tentaciones sexuales asaltan también a los adolescentes ya los adultos jóvenes que ansían aceptación de parte de su pareja sexual cuyo compromiso dura sólo por una noche. Estas personas tienen necesidades emocionales que sólo pueden satisfacerse en el contexto del matrimonio.

La infidelidad conyugal

Ideas

La infidelidad conyugal termina, por lo general, en divorcio, pero no tiene que ser siempre así. Aunque la Biblia la menciona como causa legítima de divorcio (Mt 5:31,32; 19:4 9), se puede perdonar la infidelidad, produciéndose la restauración y la sanidad. Esta debe ser su meta como consejero amigo.

Cuando un matrimonio cristiano se ve afectado por una relación extramatrimonial, tanto el esposo como la esposa se sienten culpables. La parte ofensora se siente culpable, consciente de haber pecado delante de Dios y de haber roto las promesas hechas ante el altar matrimonial. La parte ofendida tiene también sentimientos de culpa y piensa: "¡Si solamente hubiera satisfecho sus necesidades; si sólo me hubiera mantenido tan hermosa como la otra mujer (o tan guapo como el otro hombre), mi esposo (o mi esposa) no se habría descarriado!".

Al tratar este problema, procure determinar si la parte ofendida contribuyó a la caída de su pareja por no haber satisfecho las necesidades de quien tomó el mal camino. Esto no le quita responsabilidad al cónyuge infiel, pero ayudará a la parte ofendida a aceptar su responsabilidad por su parte en el colapso matrimonial.

A veces, sin embargo, la incapacidad de una de las partes de satisfacer las necesidades de la otra no es en absoluto la causa del problema. Pregunte a un grupo de personas cuántos hacen falta para que un matrimonio fracase, y la mayoría responderá que hacen falta dos. Pero el hecho es que cuando uno de los cónyuges dice:

"Ya no quiero seguir casado (a) contigo, quiero mi libertad", el matrimonio está acabado.

Un esposo o esposa puede amar profundamente a su pareja, pero cuando se ve confrontado con una oportunidad sexual, la persona se deja llevar por la tentación. Después, lamenta profundamente lo que ha ocurrido. Está situación ofrece las mayores oportunidades para que se produzcan el perdón y la sanidad.

En el capítulo 7 de este libro nos ocupamos del asunto del perdón. Este nunca se produce con facilidad, especialmente cuando se viola la más profunda de las relaciones; sin embargo, puede producirse la sanidad. De la misma manera que un hueso roto pude sanar y quedar más fuerte que antes de producirse el accidente, un matrimonio restaurado puede transformar en algo más profundo y precioso una relación, gracias a la crisis que se ha superado.

La homosexualidad

Ideas

La posición judeocristiana tradicional es que la homosexualidad, entre otras prácticas, está condenada por Dios. Pablo incluyó este estilo de vida en la lista de los antiguos pecados de los cristianos corintios en 1 Corintios 6: 9-11.

Versículos clave

El Antiguo Testamento condena claramente la práctica. Levítico 18:22 dice: "No te echarás con varón como con mujer; es abominación" (véase también Levítico 20:13).

El Nuevo Testamento continúa con la prohibición. 1 Corintios 6:11: "Y esto erais algunos; mas ya habéis sido lavados, ya habéis sido santificados, ya habéis sido justificados en el nombre del Señor Jesús, y por el Espíritu de nuestro Dios".

En Romanos 1, Pablo se refiere a los que han recibido la revelación de Dios, y la han rechazado:

"Por esto Dios los entregó a pasiones vergonzosas; pues aun sus mujeres cambiaron el uso natural por el que es contra naturaleza, y de igual modo también los hombres, dejando el uso natural de la mujer, se encendieron en su lascivia unos con otros, cometiendo hechos vergonzosos hombres con hombres, y recibiendo en sí mismos la retribución debida a su extravío"(v. 26-27).

Al aconsejar a personas que han practicado la homosexualidad, lo importante es recordar que la preferencia sexual es una decisión que cada quien hace como un acto de su voluntad, y no una predisposición genética que la persona es incapaz de controlar. Hasta el momento de escribir este libro, no hay absolutamente ninguna evidencia científica que apoye la afirmación de los homosexuales de que la persona ha sido "atrapada" por su código genético, lo cual la exime de su responsabilidad ante Dios.

Sería injusto que Dios condenara a una persona por una práctica sobre la cual ésta no puede hacer nada. Pero el hecho es que la homosexualidad es una de las muchas prácticas que puede perdonar Dios, y con el perdón que Él da viene también su poder que capacita para el cambio, algo que la iglesia muchas veces, y extrañamente, calla en proclamar.

Tenga cuidado al clasificar a las personas. Uno o dos encuentros de naturaleza homosexual no convierten a una persona en homosexual, de la misma manera que uno o dos tragos no transforman en alcohólico a un individuo. Pero la práctica homosexual reiterada sí hace que la persona se vuelva finalmente homosexual.

Mi experiencia ha sido que las personas que vienen en busca de consejería con este problema se ubican en dos categorías: quienes buscan aceptación de su estilo de vida, y quienes tienen conciencia de que su vida no es agradable delante de Dios y quieren cambiar. Para este segundo grupo hay sobradas razones para creer que el Espíritu Santo les dará liberación. A pesar de la dificultad de reorientar la preferencia sexual, ello no es imposible, como tampoco es imposible que un individuo que ha sido liberado del alcohol resista la tentación de tomar cuando se halla frente a la bebida.

Al aconsejar a homosexuales, recuerde que Dios los ama como personas. Es su pecado lo que Dios condena. Con demasiada facilidad condenamos a la persona junto con su pecado. Por tanto, esfuércese por lograr que su amigo entienda que usted le ama como ser humano que es.

Los desórdenes alimentarios compulsivos

La palabra castellana bulimia es la transliteración de una palabra griega que significa “una gran hambre” (hambre canina). Es un desorden en el comer que consiste en atracarse de comida y después expulsarla mediante el vómito o los purgativos. Lo opuesto es la anorexia, que consiste en la escasa ingestión voluntaria de alimentos, que finalmente produce la muerte por hambre. Ambos constituyen trastornos médicos serios. La posibilidad de que usted ayude como consejero amigo a estas personas depende de que siga las pautas que se dieron al comienzo de este capítulo.

Como ocurre con otras adicciones, la mayor contribución que puede hacer usted es ayudar a su amigo a reconocer la seriedad del problema y luego guiar y apoyar a la persona en cuanto a recibir ayuda profesional.

Ideas

Cuando se satisfacen las necesidades emocionales de una persona, ésta actúa de manera responsable; pero cuando no se satisfacen esas necesidades, se produce toda una gama de actividades irresponsables, entre las cuales pueden ubicarse los desórdenes en los hábitos alimenticios.

Una de las cosas más difíciles para alguien que está luchando con este desorden, es admitir que tiene un problema. Por lo general, estas personas tratan de ocultarlo, no queriendo que su familia o sus amigos se enteren de lo que está pasando.

Tomemos, por ejemplo, el caso de Doris, quien me escribió lo que sigue, cuando descubrió que su compañera de habitación, Paty, era bulímica:

Ahora mismo tengo náuseas, me siento tan mal. El problema es Paty, mi compañera de cuarto. Creo que no tenía idea de lo perturbada que estaba la chica hasta hace pocas semanas. Había notado que siempre desaparecía después de las comidas, pero yo pensaba que se iba para no lavar los platos. Ha estado haciendo esto por largo tiempo, porque su compañera de cuarto del año pasado también la descubrió cuando vivían juntas. Me siento anonadada. Deploro lo que Paty es en su interior, pero, sin embargo, me siento tan triste y adolorida por ella que ni siquiera puedo explicarlo. La cosa que considero peor en todo este asunto es que le he perdido el respeto como persona. Ella me resulta ahora repugnante, o más bien, lo que está haciendo me resulta repugnante.

Doris me reveló después que el padre de Paty quería un niño varón cuando ella nació, y que siempre sentía que "Patricia" debió haber sido "Patricio". A medida que crecía, su padre nunca demostraba mucho afecto por ella, como lo hacía con los demás hijos. ¿Y en cuanto al dinero? A él le sobraba y se aseguró de que ella asistiera a los mejores internados, e igualmente que tuviera buena ropa y un auto deportivo. "Yo sé que su problema era realmente el resultado de su relación con su padre", manifestó Doris al recordar el año que había estado viviendo con Paty.

Doris fue capaz de separar los sentimientos que tenía por la joven, del asco que le producía su problema, y continuó siendo su amiga.

Por otra parte, Paty nunca admitió el problema y llegó a edad adulta con la misma costumbre.

Versículos clave

Romanos 12:1,2 nos recuerda que nuestros cuerpos deben ser "sacrificio vivo, santo, agradable a Dios".

1 Corintios 3:16,17 dice que nuestros cuerpos son templo del Espíritu Santo y que el Espíritu de Dios mora literalmente en nuestro cuerpo, dándonos una razón para que lo mantengamos saludable.

Los desórdenes alimentarios pueden constituir un grave problema de dependencia, tan peligroso como las drogas o la afición al alcohol, y por ello no se pueden tratar de manera superficial. A pesar de que usted sienta que el problema, por su seriedad, es más de lo que estaría en capacidad de manejar, sí puede ser el vínculo entre el desastre y la vida, por medio de su amistad, afecto, compasión y solicitud hacía la persona. Lo que usted hace tiene en verdad valor.

Ahora, pasemos a nuestro último capítulo para ver más pautas dirigidas a lograr el éxito al aconsejar a nuestros amigos.

CAPÍTULO 10
EL ÉXITO AL ACONSEJAR A LOS AMIGOS

¿Qué significa tener éxito al aconsejar? Para mí, es ayudar a la persona a descubrir la voluntad de Dios para su vida, proporcionándole el apoyo necesario para que se mueva en dirección a la voluntad de Dios, luego verla crecer en su relación con Cristo. En ese proceso, parte de mi vida, de mis emociones, de mi intelecto, de mi tiempo y de mis energías, se invierten en esa persona.

Tengo un juego de gemelos (o yuntas) de oro, con un monograma en uno de ellos y un reloj en el otro, y supongo que me los he puesto no más de una docena de veces en toda mi vida. No obstante, lamentaría perderlos, no por su valor monetario, que no tendría importancia, sino porque son un regalo, el recuerdo de una victoria que Dios obró en la vida de un hombre que había llevado un estilo de vida homosexual durante la mayor parte de su vida adulta.

Al escuchar mi programa radial en San Francisco, California, el hombre llegó a la conclusión de que yo podría ayudarlo. Entonces me llamó para concertar una cita, y comenzó a volar más de 640 kilómetros ida y vuelta cada semana para recibir consejo. A través del mismo proceso de consejería que he utilizado en este libro, ese hombre tuvo un encuentro de salvación con Jesucristo y al finalizar entendió que Dios tenía un plan diferente para su vida. Sin embargo, el romper con su antiguo estilo de vida no fue nada fácil.

Las prácticas y los hábitos que se han formado durante años no se eliminan en unas cuantas semanas, pero sí pueden ver vencidos. Y este hombre encontró finalmente la gracia de Dios para reorientar su estilo de vida y sus hábitos.

Al escribir a los corintios, el apóstol Pablo menciona la homosexualidad y luego dice, hablando de quienes formaban ahora parte de la iglesia: "Y esto erais algunos; mas ya habéis sido lavados, ya habéis sido santificados, ya habéis sido justificados en el nombre del Señor Jesús, y por el Espíritu de nuestro Dios" (1 Corintios 6:11).

El éxito al aconsejar a los amigos es ver a individuos cuya vida estaba encaminada en la dirección equivocada, hacer cambios que les ofrecen esperanza y un nuevo futuro.

Significa ver crecer a los niños en hogares que pudieron haber sido destruidos si Dios no lo hubiera usado a usted de alguna manera para ayudar a ese amigo a tomar conciencia de lo absurdo de lo que hubiera sido acabar con un matrimonio por la emoción de una relación falsa e ilícita.

Significa, además, ver a personas que antes no podían funcionar sin el apoyo de todo un arco iris de drogas, tener ahora emociones estables, comenzar a crecer emocional y espiritualmente, y vivir de una manera que jamás habían conocido antes.

Tener éxito aconsejando es ayudar a las personas a elevarse hasta el máximo potencial que han recibido de Dios, no porque usted sea muy brillante o inteligente, sino porque ha aprendido la importancia de dejar que el Espíritu Santo vaya limando poco a poco los desniveles y asperezas de la persona con la cual usted ha estado trabajando, permitiéndole a Cristo vivir en la vida de ese amigo.

Sí, con toda franqueza confieso que no gano todos los asaltos de la pelea. Hay veces cuando me retiro de una situación con la sensación de que he fallado. Pensando para mis adentros: ¿Olvidé algo? ¿Hubo algo que debí haber hecho que pudiera haber servido?

Hay ciertas cosas que es necesario aprender por experiencia. Toda persona que ha llegado a ser competente al aconsejar a amigos las habrá aprendido a través de sus equivocaciones.

Al mirar retrospectivamente a más de tres décadas de consejería y de preparación de otros para ayudar a las personas, reconozco que el éxito al aconsejar es

el resultado de la interacción del Espíritu Santo de Dios con la vida de una persona, proceso en el cual el Espíritu me usa a mí como canal y catalizador. También creo que hay ciertas cosas que usted puede hacer para transformar el fracaso de su amigo en un éxito.

El éxito al aconsejar se produce perseverando hasta que se haya estabilizado una relación

Cuando mi hijo, Esteban, estaba en su último año de universidad, pasó el verano en la parte norte de Luzón, Filipinas, trabajando entre un grupo de indígenas. Su área profesional era la ingeniería biomédica, y quería cierta experiencia médica práctica en cooperación con un equipo médico.

Aparte de no poder comunicarse con las personas de la tribu por no conocer su idioma, su mayor frustración consistía en ver a alguien que estaba muy enfermo, darle penicilina o medicinas que podrían curar su enfermedad, verlo comenzar a tomar el medicamento, pero posteriormente abandonarlo por sentirse mejor, teniendo luego que sufrir un ataque mucho más serio que el primero, simplemente por no haber terminado de tomar todos los antibióticos.

Abandonar demasiado pronto la consejería produce el mismo efecto. El proceso de restauración toma tiempo, ya que ningún proceso se produce en línea recta. Las personas harán progresos, tropezarán, empezarán de nuevo y volverán a tropezar. Pero es sólo cuando renuncian a seguir intentando que, efectivamente, comienzan a caer cuesta abajo en el proceso de consejería.

¿Cómo manejar estos fracasos? Exactamente de la misma manera en que se ayuda a un niño a aprender a caminar: usted ayuda a levantar a su amigo, lo pone de nuevo sobre sus pies para que siga caminando, y gradualmente lo va soltando.

Cuando trato de lograr que algún amigo gane fuerzas y madurez que le permitan vencer sus constantes caídas, conduzco a la persona a través de ese proceso:

¿QUÉ SUCEDIÓ?

¿CÓMO REACCIONÓ USTED?

¿CÓMO PUEDE USTED RECTIFICAR EL PROBLEMA?

Algunos matrimonios nunca debieron haberse contraído. Roberto y Beverly siempre creían que el suyo era uno de ellos. Ella quedó embaraza cuando ambos eran aún unos adolescentes, y por la presión de sus padres se casaron. Roberto trabajaba como obrero en una empresa de construcción, y su pasatiempo de fin de semana era vegetar frente al aparato de televisión con varias latas de cerveza y una bolsa de papitas fritas.

Beverly era inteligente y activa. Con el paso de los años, con la excepción de sus hijos, era cada vez menos lo que tenían en común. Finalmente, Beverly conoció a una amiga estimulante y afectuosa, y su amistad se hizo cada vez más profunda hasta convertirse en una relación lesbiana. Entonces Beverly se mudó con sus niños y por dos años vivió con la amiga. Después, buscó consejería y tuvo un encuentro con Jesucristo como su Salvador.

Resuelta a hacer lo que Dios quería, rompió la relación con su amiga y volvió a casa, algo que su esposo también deseaba. Pero el estar nuevamente juntos no cambió sus personalidades ni las grandes diferencias en la forma de pensar que cada uno tenía. Las discusiones tenían que producirse, y así ocurrió con frecuencia. Al contármelo Beverly, pasamos por el proceso antes mencionado.

— ¿Qué sucedió? —le pregunté, y ella me lo contó.

— ¿Y cuál fue su reacción?

—Bueno, le dije que era un solemne estúpido... (y unas cuantas otras cosas no más lisonjeras).

—Bien, ¿cuál cree usted que debió haber sido su reacción correcta?

—Bueno, supongo que debí haberme calmado y después haber tratado de decirle cómo me sentía en cuanto a lo que discutíamos.

— ¿Y cómo cree que podría rectificar el problema? Después de pensarlo durante algunos minutos, respondió:

—Supongo que debo disculparme por mi actitud y por lo que dije. Y así lo hizo.

Restablecer las relaciones no es una cosa que se hace en un solo acto y ya está.

Cuando los problemas siguen, pueden abordarse con las mismas preguntas: ¿Qué sucedió? ¿Cómo reaccionó usted? ¿Cuál debió haber sido su reacción? ¿Qué tiene usted que hacer o decir para corregir la situación?

Sea comprensivo y afectuoso en su relación con las personas a quienes ayuda

¡Existe una diferencia entre empatía y simpatía! Empatía significa: "Me importas." Hasta cierto grado, usted sufre con el amigo, pero si se deja llevar de sus emociones hasta el punto de perder el control, tanto usted como su amigo necesitarán ayuda. ¿Significa esto que usted nunca debe expresar sus emociones? No es eso lo que estoy sugiriendo. A veces, comunicarse con el amigo de forma cálida y personal es la mejor terapia que usted podría dar.

El doctor Guillermo Glasser, autor del libro titulado Reality Therapy (Terapia de la realidad) afirma que si una persona cree en otra, aquella puede ser el ancla a la realidad que puede impedir que la otra caiga en el precipicio de la demencia.

Ha habido ocasiones en las cuales no he podido en absoluto convencer a una persona de que está yendo al desastre. Como dice el refrán, no hay peor sordo que el que no quiere oír. En estos casos, no le predico ni lo apabullo con súplicas o ruegos, sino que simplemente estoy allí con la persona, y mi presencia como alguien que quiere ser comprensivo le permite expulsar parte de la rebelión que hay en su corazón. Después de haberse desahogado, puede comenzar a prestar atención a la razón.

Jaime fue uno de ellos. Habiendo sido educado en un hogar en el que se aplicaba una disciplina estricta y donde había una comprensión farisaica de lo que un cristiano podía o no hacer (no beber, no fumar, no ir al cine, no reunirse con quienes practicaran tales cosas). Jaime se casó y tuvo éxito en su profesión. Asistía a la iglesia y era muy activo en ella.

Después, cuando le llegó el aburrimiento de los años de la madurez, comenzó neciamente a probar algunas de las cosas que nunca habría tocado en los años antes vividos. Una cosa lo llevó a otra. Luego, un día, se encontró en una situación que lo hizo reaccionar:

"¡Bien tonto que he sido!"

Avergonzado de sí mismo, y temiendo que su conducta pudiera ocasionarle problemas a su familia, decidió quitarse la vida de tal manera que pareciera un accidente, a fin de que la familia pudiera cobrar el seguro de vida. Pero antes de hacerlo, me dijo lo que pensaba llevar a cabo.

No necesitaba convencerlo de que lo que había hecho era una estupidez, y de que suicidarse sólo le produciría un gran dolor a su familia. De esto ya estaba él convencido.

Aunque lo hubiera querido, no habría podido vencerlo con mis argumentos, ya que él era demasiado inteligente para mí.

No tenía que ayudarlo a verse a sí mismo como él era, ya que él se veía a sí mismo mucho mejor de lo que yo hubiera podido verlo.

Tampoco era necesario que yo lo ayudara a descubrir la voluntad de Dios para su vida; él ya sabía lo que tenía que hacer.

De modo que, lo único que yo podía hacer era llorar con él y escuchar... y escuchar. Y orar.

Después de esto, Jaime tuvo una serie de largas y sinceras conversaciones con su esposa. Mediante ellas se dio cuenta de que la recia voluntad que le había logrado el éxito con sus negocios era algo que intimidaba a su esposa. Cualquier desacuerdo entre ambos se convertía en una batalla que él tenía que ganar, y ella era víctima de la frustración cada vez que trataba de expresar sus sentimientos. Al final dejó de intentarlo y comenzó a vivir su propia vida.

Él también comenzó a renovar su relación con el Señor, no sobre la base de lo que él pensaba que otros esperarían de él (especialmente de lo que había practicado cuando joven) sino de lo que él sentía que era la voluntad de Dios para su vida.

Su fe se hizo más profunda, más intensa. Separó el trigo de la cizaña y retuvo lo bueno. Desde aquel tiempo han transcurrido varios años; hace mucho que esa lucha quedó olvidada, y este hombre ha jugado desde entonces un papel muy importante en la obra de Dios. Pero lo que él aprendió pudo haberse perdido de haber yo presionado demasiado, tratando de hacer lo que sólo a Dios le correspondía hacer.

Descubra el poder de la oración para producir cambios

Al comienzo de este libro, lo estimulé a orar mientras aconseja, pidiéndole al Señor que le ilumine y le dé sabiduría para ayudar a su amigo. Orar con el amigo debe ser tan natural y relajante como la conversación que usted podría tener con él. A veces oro con la persona al comenzar la sesión de consejería. Puedo decir algo como esto:

– Tomás, antes de que consideremos este asunto hoy, tomemos unos cuantos minutos para pedir al Señor su dirección.

En otras ocasiones, oro con la persona durante la sesión, o la dirijo en oración, haciendo que repita mis palabras de confesión, haciéndolas suyas. Cuando hay un pecado que debe confesar, digo algo como lo siguiente:

–Bueno, me has dicho claramente en qué consiste el problema. Digámosle ahora al Señor lo que tú me has dicho.

Entonces lo dirijo en oración brevemente unos pocos segundos, y le digo:

–Dile ahora al Señor, con tus propias palabras, lo

que me has dicho a mí.

Casi siempre se produce un quebrantamiento y un desgarramiento emocional al surgir la confesión en oración.

La oración es la clase de terapia espiritual mediante la cual Dios perdona el pecado y el Espíritu Santo purifica la conciencia de la persona. Es el medio de aliviar la tensión que facilitará la posterior comunicación fructífera. Es sumamente difícil decirle al Señor cómo se siente uno en cuanto a un problema, tomarse de las manos con la persona con quien tiene el conflicto, y luego lanzarle insultos a esa misma persona.

Cuando estoy aconsejando a una pareja con problemas, con frecuencia les pido que se comprometan a orar juntos durante unos minutos diariamente, con las manos agarradas y dejando que las palabras fluyan libremente de sus corazones. En la siguiente oportunidad que nos reunimos les pregunto cómo está influyendo la oración en sus relaciones y problemas.

Como consejero-amigo, usted necesita orar por la persona a la cual está tratando de ayudar, pidiéndole a Dios que se encargue de la sanidad y de la restauración de esa persona que ha venido a usted. Cuando oro y le pido a Dios su ayuda, mis expectativas se ven aumentadas. Después de haberle pedido a Dios que haga algo, quedo confiado de que los problemas se resolverán.

Hay mucho todavía que aprender y practicar en cuanto al poder de la oración en la consejería, pero sí sabemos que es uno de los recursos más poderosos de los que disponemos.

Fluyendo en el Espíritu

Cuando les escribió a los gálatas, Pablo hizo una lista de los actos que son producto de la naturaleza pecaminosa, los problemas por los cuales muchos vienen a nosotros, y luego los contrastó con el fruto del Espíritu. "Pero los que son de Cristo han crucificado la carne con sus pasiones y deseos. Si vivimos por el Espíritu, andemos también por el Espíritu" (Gá 5:24,25).

La palabra que emplea Pablo, "andemos", significa "marchar" o "seguir". Sí, usted puede aconsejar en el Espíritu al orar, al utilizar la Palabra de Dios, y al guiar a sus amigos en el sendero de la voluntad de Dios.

Esto, por supuesto, significa que usted debe estar lleno del Espíritu Santo, haciendo de Cristo el Señor de su vida, y permitiendo que su palabra lo guíe en su vida personal.

Tal como David lo escribió hace muchísimos años: "El justo es buen consejero por ser recto e imparcial y por distinguir entre el bien y el mal" (Sal 37:30,31, La Biblia al día).

Que el Señor le ayude a ser esa persona, al ayudar a los demás.